W9-BST-124

ME
PREGUNTO
¿POR QUÉ?

ME PREGUNTO ¿POR QUÉ?

PHILIP YANCEY

PENIEL

BUENOS AIRES - MIAMI - SAN JOSÉ - SANTIAGO

www.peniel.com

©2011 Editorial Peniel
Todos los derechos reservados.

Ninguna parte de esta publicación puede
ser reproducida en ninguna forma sin el
permiso escrito de Editorial Peniel.

Las citas bíblicas fueron tomadas de la
Santa Biblia, Nueva Versión Internacional,
a menos que se indique lo contrario.
© Sociedad Bíblica Internacional.

EDITORIAL PENIEL
Boedo 25
Buenos Aires, C1206AAA
Argentina
Tel. 54-11 4981-6178 / 6034
e-mail: info@peniel.com
www.peniel.com

Diseño de portada e interior:
ARTE PENIEL • arte@peniel.com

Publicado originalmente en inglés con el título:
I was just wondering by Philip Yancey
© 1989, 1998 by Wm. B. Eerdmans Publishing Co.
2140 Oak Industrial Drive N.E.,
Grand Rapids, Michigan 49505, USA
All rights reserved.

Yancey, Philip
Me pregunto ¿por qué? - 1a ed. - Buenos Aires : Peniel, 2011.
    224 p. ; 23x15 cm.
    Traducido por: Carolina Núñez
    ISBN 10: 987-557-315-9
    ISBN 13: 978-987-557-315-4
    1. Espiritualidad. I. Carolina Núñez, trad. II. Título
    CDD 248.5

Impreso en Colombia / Printed in Colombia

CONTENIDO

Prefacio   9

Parte I: El animal humano

El universo y mi acuario   17
El estado salvaje en peligro   21
Lujos de invierno   25
Una teología de las bromas subidas de tono   29
Reunión de la escuela secundaria   33
El nuevo determinismo   37
El problema del placer   41

Parte II: En el mundo

La iglesia de la medianoche   47
Correr y pasar por la puerta de la clínica de sida   51
No es un mal lugar para comenzar   57

Moralidad que paga   61
Escorpiones, gusanos y misiles   65
Pinochet y el Papa   69
Una confesión agobiante en el lecho de muerte   75
Simplemente humano   79

Parte III: Entre los creyentes

Amor y poder   85
El camino hacia arriba   89
Búsquedas triviales   93
Mormones, fariseos y otra gente buena   97
Sin derecho al desprecio   101
Crecer fundamentalista   105
Una morbosidad saludable   111

Parte IV: Voces necesarias

Actos cobardes de deflación   119
Una imaginación convertida   123
Los riesgos de la relevancia   127
Dos becerros obstinados   133
El rechazado   137
Hacia adelante en el pasado   141

Parte V: La vida con Dios

El amante rechazado   147
Metáforas heterogéneas   151
"¡Hazlo otra vez!"   155
Pensamientos acerca de Jesús mientras estaba en un restaurante desvencijado   159
El espíritu de los matrimonios arreglados   163
El trabajo y los acertijos del sufrimiento   169

La escalera de dificultades   173
Los favoritos de Dios   177
El secreto espiritual del rey David   181

Parte VI: Otro mundo

Cuidado con los agujeros negros   189
La matemática del nacido de nuevo   193
¿Qué le sucedió al cielo?   197
Imagina que no hay cielo   203
Domingo por la tarde en la playa   207
Perturbar al universo   211
La estación fragante   215

Supongo que todos los escritores se preocupan por la arrogancia inherente del acto de escribir. Cada vez que tomo una lapicera (o, en cambio, quito la funda del teclado de la computadora) espero producir algo que pruebe que tu tiempo vale la pena. Supongo que tengo el derecho de hacer que dejes cualquier cosa que estés haciendo y me prestes atención. ¿Qué es lo que me da ese derecho?

Sin embargo, mientras más escribo menos me preocupo por esa pregunta. He aprendido que todo lo que ofrezco, todo lo que cualquier escritor puede ofrecer, es un punto de vista. Presento mi propio punto de vista, subjetivo, parcial, personal, necesariamente incompleto, y tú, lector, debes determinar si el resultado merece tu atención.

Hace quinientos años, el erudito del Renacimiento Giovanni Pico della Mirandola entregó su famosa "Oración acerca de la dignidad del hombre", la cual define el rol de la humanidad en la creación. Después de que Dios creó a los animales y todos los roles esenciales se habían completado, "el Artífice divino aún ansiaba alguna criatura que pudiera comprender el significado de un logro tan magnífico, el cual pudiera llegar a conmoverse con amor por la belleza y golpear con dureza atemorizado por su esplendor". Para contemplar y apreciar todo, para reflejarlo en el significado, para compartir el poder y la exuberancia de la creatividad, para reverenciar y para consagrar... estos eran los roles reservados para las especies hechas a la imagen de Dios.

Pico della Mirandola usó un lenguaje elevado, pero como escritor, acepto esa premisa. Miro a mi alrededor, al logro amplio de la creación y quiero expresar mi propio sentido de temor e incluso de amor. El escritor de fe, dijo Flannery O'Connor, el escritor cristiano, "sentirá que cimentados en Dios vale la pena morir".

* * *

En 1983, cuando los editores de *Christianity Today* me pidieron que escribiera una columna mensual, mi primera preocupación fue si me quedaría sin cosas acerca de las cuales escribir. Estaba más acostumbrado a proyectos de libros, en los cuales le dedicaba al mismo tema varios años. ¿Podría ajustar mi rango de visión lo suficientemente rápido cada mes?

Con el correr de los años, la ansiedad se ha desvanecido y, ahora, el día que escribo la columna es uno de los días que más disfruto del mes. Me propuse no seleccionar un tema o un asunto hasta que llegara la fecha de entrega. El ciclo rápido de idea/ escribir/ publicar/ respuesta del lector parece casi terapéutico. Ayuda a aliviar el aislamiento y la paranoia que puede derivar de los proyectos de escritura a largo plazo, en los cuales la retroalimentación está separada del proceso de escritura por varios años.

Debido a mi propia tolerancia limitada hacia los libros que son colecciones de materiales reimpresos, he trabajado para que estas columnas se adecuen en algún tipo de organización coherente. Me sorprendí al encontrar ciertos temas recurrentes. Escribir es como una terapia: ambos procesos traen a la luz lo que, de otra forma, podría estar escondido.

De hecho, aprendo acerca de mí mismo mientras miro hacia lo que yo mismo escribí. Todas estas piezas las compuse cuando vivía en el centro de la ciudad de Chicago. Pero entonces, me mudé a Colorado; uno puede sentir muy bien el anhelo por la rusticidad y la belleza natural que me atraían de allí. Me siento más cómodo solo, disfruto de un día de verano, subir una montaña de casi 4.300 metros con nadie más que las marmotas y los conejos para hacerme compañía.

Los seres humanos, incluyéndome, me parecen extraños. Mitad animales, mitad ángeles, seguimos sorprendiendo y decepcionándonos unos a otros. Mientras escribo acerca de las personas, me encuentro a mí mismo concentrándome en el sentido de ironía que casi define nuestra especie.

A pesar de que soy cristiano y que con frecuencia escribo acerca de la fe, jamás he podido catalogar a "la iglesia" con facilidad. Sigo retorciéndome por dentro y haciendo ajustes, tratando de hacer que me entre un saco que tiene la talla equivocada. Al crecer en una iglesia contrariada, fundamentalista, aprendí a no aceptar la línea compartida. Ahora, como escritor, esas críticas se volvieron en mi contra. Si no puedes creer en ellas, ¿en qué puedes creer? Lucho con esa pregunta.

Con frecuencia uso piezas cortas, como mi columna, como "expediciones de exploración" para ideas que finalmente tomarán forma en una manera más completa. Mis reflexiones sobre "La iglesia de medianoche" hicieron un libro: *Church: Why Bother* [Iglesia: por qué preocuparse]. Luego medité acerca de la pregunta de Simon Wiesenthal en *Gracia divina vs. condena humana*, y los temas de otras columnas encontraron una expresión más larga en *Desilusionado con Dios* y *El Jesús que nunca conocí*.

En mi preparación para este libro, también leí una caja llena de cartas que *Christianity Today* recibió en respuesta a mis columnas. Probablemente puedas adivinar qué columnas generaron más calor: algo concerniente a política o sexualidad. Sin embargo, la columna sencilla que provocó el volumen de correo más grande, fue una que consistía por completo en preguntas.

Escribí esa columna después de leer el libro magnífico de Walker Percy: *The Message in the Bottle [Mensajes en una botella]*, el cual comienza con una serie de preguntas, seis páginas de preguntas en total. He aquí algunas:

"¿Por qué el hombre se siente tan triste en el siglo XXI?" "¿Por qué un hombre es apto para sentirse mal en un buen ambiente en una tarde de miércoles normal? ¿Por qué el mismo hombre está apto para sentirse bien un ambiente malo durante un huracán? "¿Por qué la única vez que vi a mi tío feliz durante toda su vida fue la tarde del 7 de diciembre de 1941, cuando los japoneses bombardearon Pearl Harbor?"

El estilo interrogativo de Percey disparó algunas de mis preguntas, por lo que dediqué toda una columna a esa lista, sin procurar respuesta alguna. Francamente, pienso que es una señal saludable que los lectores de *Christianity Today* tuvieran un entusiasmo tal por una columna llena de preguntas. Su reacción me llevó a la forma en la que está organizada este libro, un libro de muchas preguntas y unas pocas respuestas.

Hay una última pregunta que jamás conseguí contestarme. ¿Por qué tan pocos cristianos leen a Walker Percy?

PHILIP YANCEY

PARTE I

EL ANIMAL HUMANO

¿Por qué hay tantos tipos de animales? ¿No podría el mundo arreglárselas con, digamos, 300.000 especies de cucarachas en vez de 500.000? ¿Cuál es el bien que hacen?

¿Por qué los animales más hermosos de la Tierra están escondidos para todos los seres humanos, excepto para aquellos que usan equipos de buceo sofisticados? ¿Para quién son hermosos?

¿Por qué casi todo el arte religioso es realista, mientras que mucha de la creación de Dios, la cebra, la mariposa cola de golondrina, la estructura cristalina se destaca del diseño abstracto?

¿Por qué los perros son mucho más fáciles de entrenar que los gatos? ¿Por qué los elefantes africanos son casi imposibles de entrenar? ¿De qué está más orgulloso Dios, de un perro o de un gato?

¿Los seres humanos son animales? ¿Son otra cosa que no sean animales? ¿Por qué los seres humanos son tan fáciles de entrenar?

¿Por qué hay bromas subidas de tono? ¿Qué es lo que hace que la fisiología de la excreción y de la reproducción sea tan divertida de todas maneras?

Como pregunta Walker Percey: "¿Por qué el hombre se siente tan triste en el siglo XXI? ¿Por qué el hombre se siente tan mal en la misma edad en la que ha tenido éxito al satisfacer las necesidades y ha reestructurado el mundo para su propio uso, más que en ninguna otra?"

¿Los gorilas y los osos hormigueros atraviesan una crisis de la edad madura?

¿Por qué el libro de Eclesiastés está en La Biblia? ¿Su autor atravesaría una crisis en la edad madura? ¿Cómo luciría una crisis de edad madura en un rey hebreo anciano?

¿Por qué Salomón, quien demostró una sabiduría tal al escribir los prover-bios, pasó los último años de su vida quebrantando todos esos proverbios?

¿Por qué está Cantar de los Cantares de Salomón en La Biblia? De todos los libros bíblicos, ¿por qué el Cantar de los Cantares solo se interpretó de forma alegórica, cuando de hecho, La Biblia no da clave alguna acerca de algún intento alegórico? ¿De qué forma una religión que incluye un libro como Cantar de los Cantares entre sus libros sagrados, se señala como una enemiga del sexo?

¿Por qué el sexo es divertido?

Me pregunto ¿por qué?

El universo y mi acuario

Cuando miro hacia afuera desde la ventana que da al centro de la ciudad, veo un edificio de doce pisos, todo de hormigón y vidrio, los balcones que muestran un surtido aleatorio de bicicletas y reposeras. Más cerca veo antenas de metal retorcido como ramas descubiertas de una tienda de video, el techo gris de canto rodado de una tienda de donas, el respiradero de aluminio de un restaurante italiano y una red de cables negros que llevan electricidad a todos estos monumentos de la civilización. (No elegimos este lugar por la vista, precisamente).

Pero si giro la cabeza a la derecha, como lo hago con frecuencia, puedo ver un paraíso tropical opulento. Un pedazo del Caribe se ha colado en mi estudio. Un rectángulo de vidrio contiene cinco conchas marinas recubiertas con algas aterciopeladas, tallos de coral plantados como arbustos en el fondo cubierto con grava y siete criaturas tan exóticas como pocas cosas que existen sobre la Tierra. Los peces de agua salada tiene colores tan puros y brillantes que parece que ellos mismos crearan de forma activa los matices, en vez de simplemente reflejar las ondas de luz que producen. Los peces de colores más brillantes de mi acuario están divididos a la mitad, con una cola amarilla resplandeciente y una cabeza magenta llamativa, como si se hubiera atascado la cabeza en una lata de pintura.

Mis gustos tienden hacia lo bizarro. Además de los peces hermosos, tengo dos que son sorprendentes pero apenas hermosos. Un pez cofre de cuernos largos, llamado de esta forma debido a los cuernos que se extienden desde la cabeza hasta el abdomen. Este propulsa su cuerpo rectangular alrededor del tanque con aletas laterales sorprendentemente pequeñas. Si un abejorro desafía la aerodinámica, el pez cofre desafía la acuática. Otro, el pez león, es todo aletas, púas y protuberancias amenazantes, como una de esas criaturas de papel llamativo que bailan a lo largo del escenario en la ópera china.

Mantengo el acuario como un recordatorio. Cuando comienza la soledad del escritor, el sufrimiento golpea muy de cerca, o el gris del cielo de Chicago y los edificios cubren mi mente y humor, me doy vuelta y miro. No hay montañas fuera de la ventana y la ballena azul más cercana se encuentra a una distancia de medio continente, pero sí tengo este rectángulo pequeño para que me recuerde el universo que se encuentra afuera. Medio millón de especies de cucarachas, diez mil diseños de mariposas silvestres, mil millones de peces como los míos que se empujan suavemente en arrecifes de coral. Gran parte de la belleza sucede allí afuera, con frecuencia inadvertido por parte de los ojos humanos. Mi acuario me recuerda a mí.

No obstante, incluso aquí, en la belleza de mi universo artificial, el sufrimiento también crece. La naturaleza, dice Chesterton, es nuestra *hermana* no nuestra madre; ella también ha caído. Las púas y las aletas de mi pez león son adecuadamente amenazadoras; pueden contener toxinas suficientes como para matar a una persona. Y cuando cualquiera de los peces muestra señales de debilidad, los otros se vuelven a él, y lo atormentan sin misericordia. Justo la semana pasada, los otros seis peces atacaron de forma brutal el ojo infectado del pez cofre. En los acuarios, los pacifistas mueren jóvenes.

Dedico mucho tiempo y esfuerzo luchando contra los parásitos, las bacterias y los hongos que invaden el tanque. Tengo un laboratorio químico portátil para testear el peso preciso, los niveles de nitrato y nitrito y el contenido de amoníaco. Bombeo vitaminas, antibióticos, drogas sulfa y enzimas suficientes para hacer que crezca una roca. Filtro el agua a través de fibras de vidrio y carbón, y la expongo a luz ultravioleta. Con todo, los peces no duran mucho. Los peces son mascotas inciertas. Les digo a mis amigos: "Los únicos 'trucos' que hacen son comer, enfermarse y morir".

Pensarás que en vista de toda esta energía invertida en ellos, que los peces, al menos, estarían agradecidos. No es así. Cada vez que mi sombra parece sobre el tanque, bucean para cubrirse en la concha más cercana. Tres veces al día abro la tapa y arrojo alimento; sin embargo, responden a cada abertura como una señal segura de mis designios por torturarlos. Los peces no son mascotas que reafirman.

Las arduas demandas del manejo del acuario me han enseñado una apreciación profunda de lo que se involucra al llevar un universo basado en las leyes físicas responsables. Para los peces, soy una deidad y una que no titubea en intervenir. Balanceo las sales y los elementos residuales en el agua. Ningún alimento entra en el tanque a menos que lo retire del congelador y lo arroje. No vivirían un día sin el dispositivo eléctrico que lleva oxígeno al agua.

Cada vez que tengo que tratar una infección, me enfrento con una opción atormentadora. Idealmente, debería llevar al pez infectado a un tanque de cuarentena para mantener a los otros lejos de la peste, y para proteger al resto del contagio. Pero una intervención violenta en el tanque, el acto sencillo de atrapar al pez enfermo con una red, causaría más daño que la infección. En realidad, el estrés resultante del tratamiento en sí mismo podría provocar la muerte.

A menudo, anhelo una forma de comunicarme con aquellos moradores del agua que tienen cerebros pequeños. A raíz de la ignorancia, me perciben como una amenaza constante. No puedo convencerlos de mi preocupación verdadera. Soy demasiado grande para ellos. Mis acciones son demasiado incomprensibles. Mis actos de misericordia son vistos como crueldad; mis intentos de sanidad lo ven como destrucción. Cambiar su percepción requeriría una forma de encarnación.

Compré el acuario para darle vida a una sala desabrida, pero terminé aprendiendo unas cuantas lecciones acerca de cómo llevar el universo. El mantenimiento de un acuario requiere un esfuerzo constante y un balance precario de las leyes físicas. Con frecuencia, los actos de mayor gracia pasan inadvertidos o incluso provocan resentimiento. Con respecto a la intervención divina, eso jamás es sencillo, tanto en universos grandes o pequeños.

En lo que más tarde llamó "el placer que más movilizó mi vida en la granja", Isak Dinesen voló al otro lado de las planicies intactas de África con su amigo Denys Finch-Hatton. En la versión de la película *África mía*, el personaje que interpretaba a Denys ofrecía mostrar "el mundo como Dios lo ve" y, de hecho, los pocos minutos siguientes de cinematografía se acercan a presentar exactamente eso. Mientras la aeronave Moth surca los cielos más allá de la escarpadura que marca el comienzo del valle del Rift de Kenia, el suelo baja de forma abrupta y la cámara captura un destello del Edén en el pastizal que se encuentra justo debajo.

Grandes manadas de cebras se esparcen al oír el sonido del motor; cada grupo gira al unísono, como si una sola mente controlara las piezas de arte moderno que se arrojan con violencia hacia el otro lado de la planicie. Jirafas enormes parecen tan flacuchas y torpes cuando están de pie, pero corren a grandes zancadas con una gracilidad exquisita. Gacelas ágiles, que saltan pasando a los animales más grandes, completan los bordes de la escena.

"El mundo como Dios lo ve"... ¿esta frase expresa sencillamente alguna noción romántica espumosa o contiene algo verdad? La Biblia proporciona pistas intrigantes. Proverbios habla sobre el acto de la creación cuando menciona que la Sabiduría "era el artesano sentado a su lado [el de Dios]... días tras día lleno de alegría... y se regocijaba en el mundo que Él creó". Los serafines en la visión de Isaías que declararon que *"toda la tierra está llena de su gloria"* (6:3) apenas podrían haberse referido a los seres humanos (a menos que quisieran que se crea en el resto del libro de Isaías). Al menos, Dios tenía la gloria de la naturaleza durante ese período oscuro cuando Israel enfrentó la extinción y Judá se deslizó hacia la idolatría.

Dios demuestra de la forma más sencilla el sentimiento que tiene hacia el reino animal en su discurso más largo, una oratoria magnífica que se encuentra al final de Job. Mira de cerca y notarás un hilo común en los especímenes que menciona para la edificación de Job.

- Una leona que caza a su presa.
- Una cabra montés que tiene su cría en lugares inexplorados.
- Un burro pillo que deambula por las planicies saladas.
- Una avestruz que agita las alas inútiles con alegría.
- Un semental que salta alto para tocar el aire con una pata.
- Un halcón, un águila y un cuervo que construyen sus nidos en los despeñaderos rocosos.

Es un simple ejercicio de calentamiento, zoología básica en la educación de Job. Desde allí Dios avanza hacia el gigante: una criatura similar al hipopótamo que nadie puede domar; el poderoso leviatán con forma de dragón. "¿Puedes hacer de él una mascota como si fuera un pájaro o ponerle una correa para tus hijas?", pregunta Dios con un toque de sarcasmo. "El solo hecho de verlo es abrumador. Nadie es lo suficientemente feroz como para provocarlo. ¿Quién, entonces, es capaz de pararse en mi contra?"

El estado salvaje es el mensaje fundamental para Job, la única característica zoológica que todos comparten. Dios celebra esos miembros del mundo que creó, a los cuales los seres humanos domesticarán. De forma evidente, los animales salvajes sirven como una función esencial en "el mundo como Dios lo ve". Nos hacen una mueca y nos recuerdan algo que preferiríamos olvidar: el hecho de ser criaturas. Y también le anuncia a nuestros sentidos el esplendor de un Dios invisible e indomable.

* * *

Varias veces por semana corro entre estos animales salvajes, sin que se molesten, porque corro a traves del zoológico Lincoln Park en el centro de la ciudad de Chicago. He llegado a conocerlos muy bien, como vecinos encantadores, pero siempre hago un esfuerzo mental para proyectarlos en sus estados naturales.

Tres pingüinos Rockhopper se pasean de acá para allá en una pieza cubierta de hormigón para que pareciera hielo. Los visualizo libres, saltando de un témpano de hielo hacia otro en la Antártida, rodeados por millones de sus primos con cara cómica.

Un elefante anciano parado contra una pared, marca tres ritmos diferentes: primero balancea su cuerpo de un lado a otro; segundo, la cola marca un ritmo completamente diferente; y tercero, mueve el tronco hacia arriba y hacia abajo. Lucho por imaginar a este torpe gigante incitando al terror en un bosque de África.

Y el leopardo pequeño panzón, patas para arriba a lo largo de una plataforma de piedra. ¿Podría este animal pertenecer a la especie que, en corto plazo, podría jugarle una carrera a un Porsche?

Me obliga a hacer un salto mental enorme el querer colocar al pingüino, al elefante y al leopardo en el lugar al que pertenecen, del cual provienen. De alguna forma, el mensaje conmovedor de Dios acerca del estado salvaje se evapora entre las fosas, las barras y los armarios educativos del zoológico. Sin embargo, soy afortunado al vivir cerca del zoológico. De otro modo, Chicago ofrecería solo ardillas, pichones, cucarachas, ratas y los pájaros cantores a rayas. ¿Es eso lo que Dios tenía en mente cuando le otorgó dominio a Adán?

* * *

Es difícil evitar un tono ceremonial cuando se escribe acerca de animales salvajes, porque nuestros pecados contra ellos son muy grandes. En los años recientes, la población de elefantes se ha reducido a la mitad y los rinocerontes casi se han extinguido; esto es gracias a los muchos cazadores furtivos y a los soldados bulliciosos con ametralladoras. Y cada año destruimos una porción de selva tropical y todos los animales que residen en ella.

La mayoría de los escritos sobre la vida salvaje se centran en estos animales que desaparecen; pero me pregunto a mí mismo sobre el impacto final en nosotros. ¿Qué más, además de ese aprecio por lo salvaje, hemos perdido? ¿Podría ser la aversión por la autoridad, o incluso la pérdida del conocimiento de Dios que deriva, en parte, del sentido atrofiado? La mera mención de Dios con respecto a los animales golpea una cuerda imaginaria de asombro en Job; ¿qué hay con nosotros, quienes crecemos arrojando maníes a través de la jaula a los hipopótamos y a los leviatanes?

El naturalista John Muir, quien jamás perdió la visión de "el mundo como Dios lo ve", concluyó de forma triste: "Es un gran alivio (...) que vastas multitudes de criaturas, grandes y pequeñas e infinitas en número, vivieran y tuvieran un gran tiempo en el amor de Dios antes de que el hombre se creara".

"Los cielos cuentan la gloria de Dios" (Salmo 19:1) y también lo hacen las ballenas que abren brechas y las gacelas que saltan. Afortunadamente, en algunos lugares del mundo, vastas multitudes de criaturas pueden todavía vivir y tener un tiempo bueno en el amor de Dios. Lo menos que podemos hacer es crear un espacio para ellos, por nuestro propio bien así también como el de ellos.

Lujos de invierno

"Abril es el mes más cruel", comienza *La tierra baldía*, uno de los poemas más famosos de este siglo. T. S. Eliot puede ser un gran poeta, pero esa línea tiende a dejarnos perplejos a algunos de nosotros que vivimos en el cinturón de tundra. ¿Abril cruel? Ese es el mes en el que redescubrimos el pasto y encontramos que el agua puede ser suave y húmeda otra vez, el mes donde los árboles recuerdan finalmente que se supone que tengan hojas. Si hablamos de cruel, ¿qué puede decirse acerca de enero y febrero?

De todos modos, esa es la sabiduría oficial del norte. Al haber pasado la primera mitad de la vida en Atlanta y la porción siguiente en Chicago, estoy convencido de esto. Sí, nos quejamos del frío y hablamos de inviernos pasados en tonos silenciados y reprobadores; pero estoy medio convencido de que simulamos. Pienso que de forma secreta amamos la estación y sentimos una punzada de tristeza cuando llega la primavera.

He notado, por ejemplo, que las personas parecen más alegres en los días más fríos. En las paradas de ómnibus, ¡en verdad hablamos unos con otros! Hay que admitir que hablamos entre dientes de forma incomprensible a través de bufandas que contienen el aliento congelado, y las conversaciones abarcan un solo tema: el frío, pero al menos hablamos. Entra a un almacén o a una ferretería y podrás provocar de forma instantánea una conversación alegre con solo cuatro palabras: "Está helado allá afuera".

"Estaba tan frío en la alacena que la botella de ketchup se congeló". "Traté de sacar al perro esta mañana. Olfateó una vez por debajo de la puerta y se dirigió en línea recta al lado de la estufa". "Oí que la diferencia entre cuatro grados y un grado bajo cero es que la escupida se congela antes de tocar el piso". Ese es el tipo de conversación que probablemente escuches en Chicago, o en International Falls o en Bismarck a mediados de enero.

En invierno tenemos un enemigo común tan poderoso que reacomoda nuestras prioridades: los conductores de noticieros intercambian historias acerca del frío durante cinco minutos antes de ir a temas "menores", tales como conflictos internacionales y comercio mundial. El oponente verdadero se encuentra afuera, nos rodea de forma palpable y nosotros, los humanos, nos acurrucamos juntos detrás de barreras de yeso y ladrillo; y *sobrevivimos*. Juntos, vamos a vencer a ese enemigo. El espíritu está atávico de forma misteriosa: somos guerreros en una cueva, tratando de desarrollar valor contra la manada de mamuts que hay afuera.

Recientemente oí acerca de una encuesta sobre personas de la tercera edad en Londres. A la pregunta: "¿Cuál fue el momento más feliz de su vida?", el 70% respondió: "El bombardeo". Todas las noches escuadrones de bombarderos de la Fuerza Aérea Alemana descargaban toneladas de explosivos en la ciudad, reduciendo a una civilización orgullosa a escombros, y ahora ¡las víctimas recuerdan ese momento con nostalgia! Ellos también tenían un enemigo común afuera y se acurrucaban juntos en lugares oscuros, determinados a sobrevivir.

* * *

Las personas solían usar una expresión extraña y humilde. Hablarían acerca de estar a la "merced" de los elementos. Pero con todas las defensas tecnológicas que poseemos es poco frecuente que estemos a su merced, y más aún que seamos humildes. Gracias a la meteorología, el clima incluso ha perdido el factor sorpresa. (¿Por qué los pronosticadores del tiempo en la televisión hablan con voz monótona acerca de corrientes a presión y dibujan flechas alrededor de todo el globo, cuando todo lo que quiero saber es qué abrigo usar mañana?). Pero de vez en cuando, en enero o febrero, tenemos una ráfaga fina, irrefrenable de frío y nieve que nos detiene, literalmente, en el camino y nos enseña sobre la "misericordia". El invierno, sobre todo, ofrece un recordatorio del hecho de ser criaturas. Una vez más nos vemos a nosotros mismos como criaturas diminutas, que se acurrucan, que dependen una de la otra y en el Dios que creó el asombroso universo.

—La voz de Dios resuena de formas maravillosas —le dijo Eliú a Job—. Le dice a la nieve "Cae sobre la tierra", y al aguacero "Sé un chaparrón poderoso" Para que todos los hombres que ha creado puedan conocer su obra, los detiene de hacer otras tareas.

Sucede incluso en una gran ciudad como Chicago. En el día de la gran tormenta de nieve, los trenes dejan de funcionar, los esquíes reemplazan a los automóviles en las calles y todos dejan de trabajar.

* * *

Un día de febrero manejé a lo largo del lago Shore Drive de Chicago, hacia el centro de la ciudad. El sol brillaba, resplandecía en el cielo. Curiosamente, siempre lo hace los días más fríos, porque es la cobertura de nubes la que retiene el calor de la Tierra. Hacia la izquierda, el lago Michigan decidía si congelarse o no. Justo debajo de la línea turquesa, se formaba la neblina, ese fenómeno sorprendente en el que el agua salta en etapas intermedias y se condensa directamente en cristales de hielo. Hacia la derecha, la línea del horizonte de Chicago estaba iluminada por los rayos del sol de invierno que estaban suavizados e inclinados. Para un curioso, toda la escena parecía amigable. No pude entender el porqué hasta que noté las bocanadas de puro humo blanco que flotaban sobre el techo de cada edificio. Era como si respiraran; incluso el hormigón y el acero habían tomado algo de la calidad orgánica.

Quizás Eliot tenía razón con respecto a que abril es el mes más cruel: pone fin a los deleites sutiles del invierno. Tuve algunos pensamientos mientras conducía por el lago Shore Drive, hasta que regresé a Lincoln Park. Y allí vi a algunas personas sin hogar. Como barreras contra el frío, solo tenían unas pocas capas de periódicos viejos y algunas bolsas plásticas. Ellos también se acurrucaban juntos, pero había poco de la alegría y la fraternidad que había sentido en las personas que estaban en las paradas de ómnibus y en los almacenes. Estas personas solo trataban de mantenerse vivas.

Fue entonces cuando me di cuenta que el disfrutar febrero, usando palabras como *refrescante* o *vigorizante*, al tiempo que sentía la hospitalidad de un refugio hecho por el hombre contra la intemperie, era el mayor de los lujos. Fue entonces cuando me di cuenta de otro significado esencial de la palabra *misericordia*. El hecho de ser criaturas, que se acurrucan juntas en cuevas, en refugios anti bombas o edificios, produce un sentimiento de alegría solo si nosotros, las criaturas, mostramos "misericordia" unas a otras.

Es una buena lección para recordar, en febrero, abril o en cualquier otro mes.

Una teología de las bromas
subidas de tono

C. S. Lewis tenía el don literario de las frases ingeniosas. Su lengua se albergaba de forma segura en su boca. Una vez dijo algo como esto:

—En la ausencia de cualquier otra evidencia, las bases de la teología natural podrían discutirse desde el fenómeno humano de las bromas subidas de tono y de las actitudes hacia la muerte.

Comencemos con chistes subidos de tono. Moran casi de forma exclusiva en los temas de excreción y reproducción, dos de los procesos más "naturales" en la Tierra. No obstante, en nuestras sonrisas burlonas y de doble sentido los tratamos como si fueran completamente anormales, incluso cómicos. Funciones que compartimos con todos los otros animales, de alguna forma, solo a los humanos nos parecen extrañas. Trata de imaginar a un caballo o a una vaca con vergüenza ante la necesidad de excretar en público. O imagina a un perro o a un gato con inhibiciones sexuales reacios a aparearse.

Con respecto a la muerte, el hombre reacciona de modo menos animal aún en presencia de esta. La naturaleza trata la muerte como algo natural, algo que sucede todos los días. Un pulpo pone millones de huevos para producir una cría que sobreviva. Las moscas, los buitres, las bacterias y todos los carnívoros construyen sus carreras alrededor del hecho de la muerte. Solo nosotros, los humanos, lo tratamos con conmoción y aversión, como si no nos pudiéramos acostumbrar a la realidad, aunque esta sea universal. Todas las culturas llevan a cabo ceremonias elaboradas para marcar el pasaje final de un ser humano. Incluso nosotros en el occidente cristiano, con nuestra creencia tradicional en la vida después de la muerte, vestimos los cadáveres con trajes nuevos, los embalsamamos (¿para qué? ¿para la posteridad?), y los enterramos en ataúdes herméticos y en bóvedas de hormigón para retrasar la descomposición natural. En estos rituales, manifestamos una resistencia terca para rendirnos a esta, la experiencia humana más poderosa.

Lewis sugiere que estas anomalías (como la consciencia humana, más comúnmente citada) traicionan un estado permanente de *desunión* entre los seres humanos. Una persona individual es un espíritu hecho a la imagen de Dios, pero fusionado con un cuerpo de carne mortal. Las bromas subidas de tono y la obsesión por la muerte expresan un sentido retumbante de discordia con respecto a este estado intermedio. Deberíamos sentirnos en disonancia. Después de todo, somos inmortales atrapados en ambientes mortales. Carecemos de unidad porque hace mucho una grieta fisuró nuestra parte mortal e inmortal; los teólogos trazan la línea de falla en la Caída.

No todos, por supuesto, se suscriben a esta teología natural. Los biólogos, los psicólogos y los antropólogos modernos operan desde una conjetura materialista que niega el espíritu. Estudian las partes mortales y concluyen en que no hay nada más. (Los materialistas, dijo Tolstoi, se equivocan en aquello de limitar la vida por la vida en sí misma). Pero, ¿estos observadores no tienen alguna explicación que dar? Aún tengo que ver el ensayo de un psicólogo evolucionista que expone sobre el origen de las bromas subidas de tono. ¿Qué función tienen al perpetuar el acervo genético? ¿De dónde provienen estas provocaciones disonantes?

De acuerdo con la visión bíblica de la humanidad, es *natural* que nos sonrojemos ante la excreción y que nos retraigamos de la muerte.

Acciones tales parecen extrañas porque son extrañas. En toda la Tierra no existen paralelos exactos de espíritu e inmortalidad ubicados en una misma materia. Este desconcierto que sentimos puede ser nuestra sensación humana más clara, ya que nos recuerda que no estamos "en casa". C. S. Lewis usó una hipérbole: "Uno puede estar muy presionado para derivar la teología más esencial desde las broma subidas de tono y las actitudes hacia la muerte. Pero nadie puede estar más presionado como para negar toda la teología natural en presencia de estos y otros rumores de trascendencia".

Además de estas singularidades de la naturaleza humana, Lewis mencionó una más: nuestras reacciones sobresaltadas hacia el concepto del tiempo. La última página de *Reflexiones sobre los Salmos* resume el estado transitorio, suspendido en el que vivimos:

"Estamos tan poco reconciliados con el tiempo que incluso nos sorprendemos ante él. "¡Cómo ha crecido!" exclamamos. "¡Cómo vuela el tiempo!", como si la forma universal de nuestra experiencia fuera una y otra vez una novedad. Es tan extraño como si un pez se sorprendiera reiteradas oportunidades de la humedad del agua. Y eso en verdad sería extraño a menos que, por supuesto, el pez estuviera destinado a convertirse, algún día, en un animal terrestre".

Reunión de la escuela
secundaria

Si fuera un reaccionario evolucionista que busca desacreditar la doctrina cristiana del hombre, no pasaría el tiempo cavando en busca de huesos en el África del Dr. Leakey, sino deambulando por los pasillos de escuelas secundarias de Estados Unidos. Ellas ofrecen a la ciencia una vitrina del "animal humano" en su máxima expresión. Digo esto al regresar recién de una reunión en mi escuela secundaria después de veinte años.

En ningún otro momento de la vida, el principio "la biología es destino" parece aplicarse con tal fuerza como en la adolescencia. Encontré que unos veinte años después del secundario, el grupo al que llamábamos "los deportistas" aún caminaba con un fanfarroneo peculiar, a pesar de las panzas y de las entradas. Las porristas eran las que mejor preservadas estaban. Al haber aprendido desde temprano que la carne (cuerpo y rostro) es la mejor entrada al éxito, esconden las arrugas faciales y los kilos de más mejor que ningún otro. Con solo medias en los pies, más bien de forma tímida, estas mujeres entradas en años y amas de casa nos llevaban a todos a alentar a la escuela secundaria aunque se recordaba a medias.

Los sabelotodos también tenían una apariencia peculiar. En la escuela secundaria estos tipos estudiosos ganan los premios de la feria de ciencias, llevan al club de ajedrez a la victoria y levantan el nivel de la escuela a la puntuación de la prueba de aptitud académica, a pesar de que sus logros se obtienen gracias a sus esfuerzos, abuso y desprecio universal. El paso del tiempo les ha garantizado una medida de venganza: de ese crudo material adolescente han surgido científicos, investigadores, programadores de computadoras y veloces agentes de bolsa de valores.

Un grupo de la escuela secundaria ha atravesado mutaciones en los últimos veinte años: de "encapuchados" a *punks*. Nadie fue a la reunión con el cabello untado generosamente con cera o vistiendo una remera blanca con un paquete de cigarrillos enrollados en la manga. Pero los que usaban el cabello así anteriormente aún se acurrucaban juntos en los trabajos suplementarios, el margen radical en la inmutabilidad de la sociedad. Solo los estilos, no los roles, han cambiado.

Uno de los recuerdo más vívidos de la escuela secundaria se remite a un choque colosal entre el líder de los encapuchados y el líder de los deportistas. Al menos trescientos alumnos bloqueaban el pasillo para mantener lejos a los profesores desesperados, mientras los dos se batían en duelo por una novia.

Jamás olvidaré de qué forma abrupta el espíritu de la multitud que alentaba cambió cuando el encapuchado agarró con fuerza al mariscal de campo y le atestó un golpe contra la canilla filosa de una fuente de agua una, dos, tres veces. La multitud desapareció en un silencio espeluznante, y así permitió que los profesores finalmente pudieran llegar adonde estaba el mariscal de campo, ahora retorciéndose en el piso en un charco de sangre. La chica que había inspirado el combate estaba sentada, encorvada como una pelota diminuta contra un casillero y sollozando.

* * *

Un conductista podría ver esa escena como la versión humana de las ovejas de las Montañas Rocosas (sistema de cordilleras de América del

Norte) que bajan la cabeza y chocan ruidosamente entre ellas con una fuerza que envía ecos a través de los cañones. Los humanos, como las ovejas, establecen un dominio tribal y sexual, un estado que se obtiene a través de la fuerza bruta. Pero hay otro costado del animal humano. G. K. Chesterton dijo: "El hombre no es un globo que sube al cielo, ni tampoco una mole que excava simplemente en la tierra; el hombre es algo así como un árbol, cuyas raíces se alimentan desde la tierra, mientras que las ramas más altas parecen elevarse casi hasta las estrellas". Y Dostoevski agregó:

—El hombre no es una expresión aritmética; es un ser misterioso y desconcertante, y su naturaleza es extrema y contradictoria de todo.

Expresó el hecho más básico de la antropología cristiana: que el animal humano fue creado para ser más que animal.

Mientras recordaba mi experiencia en la escuela secundaria, me golpeó el hecho de que el evangelio nos llama a abandonar la fórmula sencilla de "la biología es destino", y a extenderse más lejos y más alto hacia la realidad espiritual. Se nos pide que trascendamos el destino biológico y probemos que somos más que animales.

La escuela secundaria demuestra de forma amplia el camino hacia la auto preservación, "subsistencia de lo adeudado" en su origen. Al igual que los animales, competimos sobre la base de poder y apariencia física. Un rostro hermoso, un nombre famoso o un físico impresionante puede garantizar el éxito, y exactamente ese tipo de éxito es lo que las escuelas recompensan de forma tan esplendorosa con coronas y trofeos deportivos. La esuela secundaria muestra lo que sucede cuando, libre del artífice cortés de la "madurez", expresamos los instintos básicos que heredamos como miembros de la especie humana.

Pero el llamado cristiano que tenemos nos pide que desafiemos esos instintos. Jesús anunció un gran revés de valores en el Sermón del Monte, no elevando a los ricos o atractivos, sino a los pobres, a los perseguidos y a aquellos que guardan luto. En vez de elogiar tales tratados de riqueza, poder político y belleza física, nos advirtió contra los peligros de esto. Un pasaje como Lucas 18 muestra el tipo de personas que impresionaron a Jesús: una viuda oprimida, un recaudador de impuestos desesperado, un niño pequeño, un mendigo ciego.

De forma instintiva, los animales marcan a los débiles (¿los "sabe-lotodos"?) para una destrucción rápida; se nos ordena que los valoremos. También se nos dice que la realización no viene en la búsqueda de la felicidad, sino por el contrario, en la búsqueda del servicio. Se nos pide que respondamos a nuestras fallas más lastimosas no cubriéndolas sino arrepintiéndonos de ellas abiertamente. Cuando estemos equivocados, dice el Evangelio, extendamos el perdón, no la venganza. Además, nos insta a no amontonar cosas materiales, sino que las comercialicemos por el Reino de los cielo, una perla de gran precio.

* * *

Los cristianos se han preocupado durante mucho tiempo porque la teoría de la evolución pueda reducir la humanidad a un estado menor al que La Biblia le atribuye. La falla que tenemos al convencer a muchos científicos acerca de la *unicidad* del género humano, hecha a "imagen de Dios", hace que me cuestione el hecho de intentar un rumbo completamente diferente. ¿Qué sucedería si, en vez de tratar de probar que el *homo sapiens* no es un animal, buscamos probar que somos más que eso? En vez de desafiar la antigüedad de los fósiles o disputar los resultados de la ingeniería genética, podríamos demostrar simplemente que la biología no es destino. ¿Qué sucedería en el consenso nacional si estas diez palabras vinieran a la mente cuando dijeras la palabra "cristiano": amor, alegría, paz, paciencia, amabilidad, bondad, fidelidad, humildad y dominio propio?

Sé, con toda seguridad, que nadie en mi escuela secundaria repartiría premios por alguna de las nueve cualidades que se enumeran arriba, la definición bíblica de "los frutos del Espíritu". Pero creo que el efecto de esas cualidades perdurará por mucho más tiempo después de que los anuarios de todas las escuelas secundarias se hayan vuelto polvo, mucho después de que el mismo sistema solar se haya vuelto frío y se haya detenido. Y quizás, solo quizás, exhibir el fruto del Espíritu sea nuestra mejor defensa contra una visión materialista de la humanidad aquí en la Tierra.

El nuevo determinismo

Si escucho el término "crisis de la edad madura" una vez más, podría tener una. En el lenguaje común, esa frase podría abarcar cualquier lucha del alma que sucede entre los treinta y uno y cincuenta y cinco años. Y si el amor cubre multitud de pecados, la temible crisis de la edad madura encubre una multitud de los mismos. Las personas ya no cometen más adulterio o rompen sus matrimonios; sino que atraviesan una crisis de la edad madura.

He oído tantas veces el mismo monólogo de parte de muchos de mis amigos varones, que podría imprimirlo en esas pancartas como las que usan en televisión para ahorrarles el problema de tener que formular racionalizaciones frescas. Algunas de las palabras clave son como estas: "He cambiado. Soy un hombre diferente del que se casó con ella. Debo ser sincero conmigo mismo y seguir siendo quien soy en realidad mientras eso me guíe. Puedo ver por qué solía amarla, pero ahora tengo la obligación de seguir mis sueños y expectativas nuevas, las cuales ella sencillamente no puede cumplir".

Con frecuencia, una complicación hormonal se define como una atracción profunda y permanente hacia "otra mujer que verdaderamente me comprende" (de forma coincidente, ella con frecuencia es diez años menor y diez kilos más delgada que la esposa). El esposo, con seriedad, relata la lucha que tiene. Los músculos faciales expresan una mezcla de dolor profundo y patetismo con respecto a "una fuerza mayor que yo, que sencillamente no puedo resistir". Trato de no sobresaltarme cuando escucho que esta experiencia es completamente inesperada y única, posiblemente algo nuevo en la historia del mundo. (En verdad, siento como si le entregara a mi amigo una copia de *Anna Karenina*, la cual dice todo lo que vale la pena decir acerca de experiencias "únicas" de pasión, amor, aburrimiento, egoísmo y lujuria).

Debido a que el cuidado hacia mis amigos perdurará a pesar de las consecuencias de la crisis de la edad madura, me esfuerzo por ser comprensivo, incluso cuando al final rechazan el consejo que les doy. Pero después de escuchar el mismo guión tres, cuatro y cinco veces, debo confesar el desconcierto total hacia dos tendencias. A pesar de que parecen enigmas para mí, estas tendencias se mantienen al borde en las conversaciones que tengo acerca de la crisis de la edad madura.

1. Mis amigos pasan mucho tiempo mirando introspectivamente, examinándose a ellos mismos para constatar qué es lo que los hará completos, exitosos, felices (o cualquier palabra que esté de moda en la actualidad). ¿No parece esto extraño? Un ser, el observador, escudriña a un ser; el observado, el cual resulta que es ¡el mismo ser! ¿De qué forma puedo observarme a mí mismo para encontrar lo que en realidad quiero si yo, el observador, soy el mismo que lo quiere?

Quizás me pierdo algo aquí, pero tengo la impresión de que *a priori* algunas reglas de la lógica se arrojan a un lado. La física moderna ha establecido junto con el Principio de Indeterminación que el mismo hecho de observar introduce distorsiones en el hecho observado, cambiando la naturaleza de la misma. Filosofía y física de lado, ¿puede una persona que tiene deseos de forma activa examinarse de manera objetiva a sí misma y decidir la dirección futura de su vida, sin ser afectada por la misma lujuria? Eso parece como preguntarle a un alcohólico que evalúe de forma racional la "necesidad" de alcohol en una fiesta de Año Nuevo.

Reflejado en estos temas, tengo más aprecio por la razón por la cual La Biblia evita psicologismos difusos y le dice con sencillez al ladrón: "No robes más", y al que se siente tentado: "Huye de la tentación". La Biblia nos desafía a mirar hacia arriba, no hacia adentro, en busca de consejo en momentos de crisis. Como dijo Jeremías: "Nada hay tan engañoso como el corazón. No tiene remedio. ¿Quién puede comprenderlo?" Ningún consejo sofisticadamente sabio, por cierto; pero luego, nuestro consejo moderno se vuelve tan sofisticado que se remonta más allá del reino de la coherencia racional.

2. Una vez que el observador sabe lo que lo hará feliz, completo y realizado, se enciende un tipo de determinación. El esposo siente la *obligación* de seguir la voz interior que le reasegura que la señorita B es la solución para su vida, no la señora A que se ha gastado con el transcurso del tiempo. Este determinismo es una fuerza de un orden más alto, y con frecuencia demuestra ser más poderoso que los instintos paternales y los votos matrimoniales que se declaran... y que Dios.

Con una regularidad triste, observamos a esposos y padres (o esposas y madres) dejar a sus cónyuges, niños y quizás iglesia y fe, con el objetivo de seguir esta atracción extraña que viene de adentro. "*Tengo que*", dicen. "Esto es más fuerte que yo. No puedo resistirlo".

Muchas de esas personas se opondrían de forma violenta a la noción de determinismo o al mero indicio de legalismo. Sus acciones, por ejemplo, desacatan los Diez Mandamientos, los cuales podrían descartar alegando que son restrictivos y censuradores de la libertad. Sin embargo, ¿qué podría ser más determinista que estar obligado a seguir elementos intangibles como sentimientos, personalidad, predisposición y atracción magnética?

Espero que algunos psicólogos iluminados le presten atención a lo que considero tiranía del determinismo psicológico. Entretanto, me demoro en considerar una analogía apropiada explorada por Dorothy Sayers en *Begin Here* [Comenzar aquí], un libro oscuro escrito durante la Segunda Guerra Mundial. Ella resuelve este dilema de la siguiente forma:

"Es verdad que el hombre se encuentra dominado por su integración psicológica, pero solo en el sentido en el que un artista está dominado por su material. No es posible para un escultor esculpir un broche de filigrana sacado del granito; hasta este punto él es siervo de la piedra en la cual trabaja. Este artesano es bueno precisamente mientras use el granito para expresar sus intenciones artísticas de modo agradable para la naturaleza propia de la piedra. Esto no es esclavitud, sino la libertad del escultor y la libertad de la piedra que trabajan juntos en armonía. Mientras mejor entiende el escultor la naturaleza verdadera del material crudo, mayor es la libertad que tiene para usarla. Lo mismo sucede con el ser humano cuando usa su propia mente y emociones para expresar su intención consciente".

Sayers describe la diferencia entre el asesinar a la suegra y escribir una historia de detectives acerca de un crimen tal. Dice que ambos actos pueden emanar del mismo impulso inconsciente, y por eso cada actividad comienza con el mismo material en crudo. Pero la diferencia yace precisamente en la forma en la que el impulso inconsciente se pone en práctica.

Mejoramos más y más al identificar lo que Sayers llama "material en crudo" de impulsos conscientes o inconscientes. Quizás sea tiempo de un énfasis igualmente fuerte en la libertad humana, lo que ciertas veces nos permitirá actuar contra ese subconsciente por el bien de la fidelidad.

El problema del placer

¿Por qué el sexo es divertido? La reproducción, por cierto, no requiere placer: algunos animales, de forma sencilla, se dividen en la mitad para reproducirse e incluso los humanos usan métodos de inseminación artificial que no implicar placer. ¿Por qué, entonces, el sexo es divertido?

¿Por qué es divertido comer? Las plantas y los animales menores se las arreglan para obtener su cuota de nutrientes sin el lujo de las papilas gustativas. ¿Por qué nosotros no podemos?

¿Por qué hay colores? Algunas personas siguen adelante muy bien sin la habilidad de detectar colores. ¿Por qué complicar la visión para todo el resto de nosotros?

Otra pregunta: ¿qué orgullo llevó a los padres fundadores a incluir la búsqueda de la felicidad en una lista de tres derechos inalienables? "Mantenemos estas verdades para ser evidentes", a modo de explicación. ¿Evidentes? Teniendo en cuenta el peso de la historia, ¿cómo alguien podría concebir la búsqueda de la felicidad como un derecho evidente e inalienable? Podríamos hablar de la muerte como un derecho inalienable, ya que nadie puede robarnos eso, pero ¿la búsqueda de la felicidad? ¿Sobre qué base lo damos por hecho?

Después de haber leído el enésimo libro acerca del problema del dolor (la obsesión teológica de este siglo, parece), me golpeó darme cuenta de que jamás he visto un libro acerca de "el problema del placer". Ni he conocido a un filósofo que dé vueltas sacudiendo la cabeza con confusión acerca de la pregunta básica de por qué experimentamos placer.

¿De dónde vino el placer? Esa me parece una pregunta muy grande; el equivalente filosófico para los ateos al problema de dolor de los cristianos. Con respecto al tema del placer, los cristianos pueden respirar con un poco más de facilidad. Un Dios bueno y amoroso querría que sus criaturas experimentaran deleite, alegría y plenitud personal. Nosotros los cristianos comenzamos con esa conjetura y después buscamos formas para explicar el origen del sufrimiento. Pero, ¿los ateos y los humanistas seculares no tienen la misma obligación de explicar el origen del placer en un mundo de carácter aleatorio y falto de valor?

Finalmente una persona enfrentó el tema de forma sincera. En *Ortodoxia,* un libro indispensable, G. K. Chesterton siguió el rastro de su propia conversión cristiana hacia el problema del placer. Encontró el materialismo demasiado delgado para dar cuenta del sentido de la maravilla y deleite que a veces marca nuestra respuesta al mundo, y en especial actos humanos sencillos tales como el sexo, el nacimiento de un niño y la creación artística. Aquí está la forma en la que lo cuenta:

"Sentí en mis huesos que, primero, el mundo no se explica a sí mismo... Segundo, llegué a sentir algo como si la magia tuviese un significado dado por alguien. Había toques personales en el mundo, así como en una obra de arte... Tercero, pensé que este viejo diseño era hermoso, a pesar de sus defectos, tales como los dragones. Cuarto, pensé que una forma apropiada de agradecer todo esto es alguna forma de humildad y de abstinencia: deberíamos agradecerle a Dios por la cerveza y el Borgoña no bebiendo demasiado... Y finalmente, y lo más extraño de todo, es que vino a mi mente una fuerte impresión de que de alguna manera, todo el bien es un remanente para almacenar y mantener alejado de ruinas primordiales. El hombre había salvado sus bienes así como (Robinson) Crusoe salvó a los suyos: los salvó de la destrucción. Todo esto sentí a pesar de que la edad ya no me ayudaba. Y todo este tiempo ni siquiera había pensado en la teología cristiana.

En una barrida sencilla, Chesterton ha ayudado a clarificar el problema del placer. Para el no creyente, el problema se centra en la pregunta acerca del origen: ¿de dónde viene el placer? Chesterton investigó todas las alternativas y se decidió por el cristianismo como la única explicación razonable para la existencia del placer en el mundo. Los momentos de placer son remanentes, como los bienes lavados en tierra lejos del naufragio, como pedazos de paraíso extendidos a través del tiempo.

Pero una vez que una persona ha aceptado esa explicación, reconociendo a Dios como la fuente de todos los dones buenos, se concitan nuevos problemas. La forma apropiada de agradecer a Dios por estos regalos buenos y aquí, los abstemios pueden tomar la excepción de los ejemplos de Chesterton acerca de la cerveza y el Borgoña: usarlos con humildad y abnegación. Se me ocurre que quizás he leído un libro acerca del problema del placer: el libro bíblico de Eclesiastés. Esa historia de decadencia por parte de los más ricos, los más sabios y las personas con más talento en el mundo, que sirven como una alegoría perfecta de lo que puede suceder cuando perdemos de vista al Dador cuyos regalos buenos disfrutamos.

Como Chesterton vio, la promiscuidad sexual descripta en un libro como Eclesiastés (el autor implícito tenía setecientas esposas y trescientas concubinas) no es una sobrevaloración del sexo, sino más bien una desvalorización. "Quejarme porque solo pude casarme una vez fue como quejarme porque solo había nacido una vez. Era inconmensurable la emoción con la cual hablaba. Mostraba, no una sensibilidad exagerada hacia el sexo, sino una insensibilidad curiosa hacia ella. La poligamia es la falta de realización del sexo; es como si un hombre deborara cinco peras sin sentir su gusto, sin degustarlas".

De esta manera, el placer se convierte de inmediato en un bien grande y en un peligro serio. Si comenzamos a perseguir el placer como fin en sí mismo, a lo largo del camino podemos perder de vista a Aquel que nos dio tales regalos buenos como el deseo sexual, las papilas gustativas y la capacidad de apreciar la belleza. Como Eclesiastés relata, una devoción completa hacia la voluntad del placer, paradójicamente, lleva a un estado de desesperación completa. Lo cual me lleva a considerar todo un acercamiento nuevo hacia la decadencia de la sociedad.

Todos los domingos, puedo encender la radio o la televisión y escuchar a predicadores que condenan abiertamente las drogas, la libertad sexual, la avaricia y el crimen que "corre de forma descontrolada" por las calles de Estados Unidos. Pero en vez de señalar con el dedo tales abusos tan obvios de los regalos buenos de Dios, quizás sencillamente deberíamos trabajar en demostrarle al mundo de dónde vienen en realidad los buenos regalos y la razón por la cual son buenos. Pienso acerca del viejo refrán: "La hipocresía es la reverencia que el vicio le da a la virtud", esto es "mundos nuevos" creados por las drogas como reverencia a la verdadera belleza, la promiscuidad como reverencia hacia la plenitud sexual, la avaricia como reverencia a la mayordomía y el crimen como un atajo para aferrarse a todo lo demás.

De alguna forma, los cristianos han obtenido una reputación de anti placer, y esto sucede a pesar de que creemos en el placer como una invención del Creador mismo. Nosotros los cristianos tenemos una opción: podemos presentarnos a nosotros mismos como los tensos aguafiestas que pierden el derecho de forma sacrificial a la mitad de lo divertido de la vida, al militar la indulgencia en el sexo, en la comida y en otros placeres de los sentidos, o podemos determinarnos a disfrutar el placer al máximo, lo cual significa disfrutarlo en la forma en la que el Creador lo planeó.

No todos van a comprar la filosofía cristiana del placer. Algunos escépticos se burlarán de alguna insistencia en la moderación con una actitud de condescendencia como: "Pobrecitos, pobres ignorantes". Para estos escépticos tengo unas pocas preguntas sencillas: ¿Por qué el sexo es placentero? ¿Por qué el comer es divertido? ¿Por qué hay colores? Aún espero explicaciones buenas que no incluyan la palabra Dios.

PARTE II

EN EL MUNDO

¿Por qué hay tantos alcohólicos en la actualidad? ¿Por qué no vienen a la iglesia en vez de aislarse a sí mismos en sus propias reuniones? ¿Por qué los pecadores se sienten tan atraídos por Jesús pero tan rechazados por la Iglesia?

¿Por qué las personas con sida no vienen con frecuencia a la iglesia? ¿Por qué el Ministro de Salud de los Estados Unidos, C. Everett Koop, un cristiano evangélico, recibió tantas cartas de odio de parte de otros cristianos evangélicos?

¿Por qué todos los ejemplos de disciplina de la Iglesia involucran pecados sexuales? ¿Por qué escucho tan pocos sermones con respecto a los pecados de orgullo, avaricia, pereza y glotonería? ¿Podrían los cristianos apoyar un movimiento de prohibición nacional en contra del peligro principal de la salud, esto es la obesidad?

¿Por qué tantos hospitales tienen nombres que suenan cristianos? ¿Por qué funcionan como cualquier otro hospital? ¿Cómo luciría un verdadero hospital cristiano?

¿De dónde viene el odio racial? ¿De dónde vienen las razas? ¿Por qué Dios no hizo iguales a todas las personas, como las flores diente de león y las moléculas de hidrógeno?

¿Dios ama más a los estadounidenses que a los iraquíes o a los libaneses? ¿A los protestantes irlandeses más que a los católicos irlandeses?

¿De dónde vienen los políticos tiranos? ¿Por qué Dios les permite imponer tal maldad en el mundo? ¿Por qué Dios se mantuvo en silencio durante el Holocausto?

LA IGLESIA DE LA MEDIANOCHE

Recientemente asistí a una "iglesia" inigualable, que se las ingenia para atraer a millones de miembros devotos todas las semanas, pero que no tiene sede central denominacional o personal pago. Funciona bajo el nombre Alcohólicos Anónimos (AA). Fui por invitación de un amigo, que me acababa de confesar su problema con la bebida.

—Vení —me dijo— y creo que verás un atisbo de lo que la iglesia primitiva debió haber sido.

A las doce de la noche de un lunes entré a una casa que estaba a punto de caerse, pero que ya se había usado para otras seis sesiones ese día. Densas nubes de humo de cigarrillo flotaban en el aire como gas lacrimógeno. No me tomó mucho tiempo entender lo que mi amigo había querido decirme con la alusión a la iglesia primitiva. Un político muy conocido y varios millonarios prominentes estaban mezclados libremente entre estudiantes fracasados, desempleados y niños que usaban pequeños apósitos para esconder las marcas de agujas en los brazos. El "tiempo de hablar" era como un pequeño grupo de estudios, marcado por oídos compasivos, respuestas cálidas y muchos abrazos. Las presentaciones eran algo así: "Hola, soy Tom. Soy alcohólico y adicto a las drogas". De forma instantánea, todos gritaban al unísono, como un coro griego: "¡Hola Tom!" Cada uno de los asistentes daba un informe del progreso personal con respecto a la batalla contra la adicción.

Afiches con lemas originales: "Un día a la vez" o "Puedes hacerlo" decoraban las paredes deslucidas de la habitación. Mi amigo cree que tales arcaísmos revelan otra similitud con la iglesia primitiva. La mayor parte de la sabiduría recibida de los AA se pasa en tradiciones orales que se remontan a la fundación de la misma, hace más de cincuenta años. Muy pocos usan los folletos actualizados de AA y las piezas de relaciones públicas. En cambio, confían en un libro viejo desfasado, con el título prosaico *El gran libro azul de los Alcohólicos Anónimos*, el cual cuenta de forma rebuscada, casi como la prosa del estilo antiguo, las historias de la vida de los primeros miembros.

AA no posee propiedad alguna, ni oficina central con un complejo de correo masivo directo ni un centro de multimedios. No posee personal o consultores bien remunerados ni consejeros inversores que viajen en jet a lo largo del país. Los fundadores originales de AA construyeron defensas que exterminarían cualquier cosa que pudiera llevarlos a la burocracia. Creían que el programa podría funcionar solo si se mantenía en el nivel más básico, el más íntimo: un alcohólico que da su vida para ayudar a otro. No obstante, AA ha probado ser tan efectivo que otras doscientas cincuenta organizaciones, desde los adictos al chocolate hasta grupos de pacientes con cáncer, han aparecido de forma repentina en una imitación consciente de su técnica.

Los muchos paralelos que tiene con la iglesia primitiva no son meras coincidencias históricas. Sus fundadores, personas cristianas, insistieron en que la dependencia de Dios fuera una parte obligatoria del programa.

En la noche que asistí, todos en la sala repitieron en voz alta los doce principios, los cuales confiesan la total dependencia de Dios para el perdón y la fuerza. (Los miembros más agnósticos pueden sustituir la palabra "Dios" por el eufemismo "alta potencia", pero después de un tiempo eso comienza a parecer absurdo y con frecuencia lo revierten por "Dios"). En el tiempo que hablan, algunas de las personas usan el nombre de Dios en un sentido profano y en la oración siguiente le agradecen por ayudarlos a vencer una semana más.

Mi amigo admite libremente que AA ha remplazado a la Iglesia para él, y este hecho a veces lo angustia. Lo llama "la pregunta cristológica" de los AA.

—No tiene ninguna teología acerca de la cual hablar. Rara vez se escucha acerca de Cristo. Los grupos de AA le piden prestada la sociología a la iglesia, junto con unas pocas palabras y conceptos, pero no tienen una doctrina subyacente. Me pierdo esa parte, pero estoy tratando de sobrevivir y AA me ayuda en esa lucha mucho mejor que ninguna iglesia local.

La iglesia, muchos campanarios que se asoman dentro de la vista del edificio donde AA se reúne, parece irrelevante, insípida y cobarde para él. Otros en el grupo explican la resistencia al volver a contar historias de rechazo, juicio o culpa". Una iglesia local es el último lugar en el que se pararían y declararían: "Hola, soy Tom. Soy alcohólico y adicto a las drogas". Nadie le respondería el saludo con un: "¡Hola, Tom!"

Mi amigo piensa que algún día se encontrará de regreso en los brazos de alguna iglesia, aunque no ha abandonado la fe. De hecho, dice que el involucrarse en AA lo ha ayudado a resolver algunas de las paradojas cristianas más difíciles. Tomemos, por ejemplo, el debate de la voluntad libre y el determinismo. ¿Cómo puede una persona aceptar toda la responsabilidad por sus acciones incluso cuando conoce los antecedentes familiares, el desequilibrio hormonal y las fuerzas naturales de maldad que contribuyen a ese comportamiento? Uno de los personajes de William Faulkner lo expresa de la siguiente forma:

—No trato. Pero no puedo evitarlo. AA es mucho más equívoco: todo alcohólico tiene que admitir total y completa responsabilidad por todo su comportamiento, incluso lo que sucede durante un desliz etílico o un "*blackout*" (un estado de olvido en el cual un alcohólico continúa funcionando, pero de forma amnésica, sin cognición consciente). Las excusas se prohíben.

—AA me ha ayudado a aceptar la noción del pecado original también —continúa mi amigo—. De hecho, a pesar de que muchos cristianos le ponen obstáculos a la doctrina, el pecado original tiene un sentido perfecto para la persona promedio de AA. Expresamos esa verdad cada vez que nos presentamos: "Soy Tom. Soy alcohólico". Nadie jamás es castigado por decir "Fui alcohólico".

Para mi amigo, la inmersión en Alcohólicos Anónimos ha

significado la salvación en el sentido más literal. Sabe que un desliz podría enviarlo, no que lo enviaría, a una muerte cercana. Más de una vez algún compañero ha respondido a sus llamados a las cuatro de la mañana, solo para encontrarlo con los hombros caídos en el brillo espeluznante de un restaurante abierto toda la noche donde anota en un cuaderno, al igual que un niño que lo han castigado en la escuela, la oración sencilla: "Dios, ayúdame a lograrlo durante los próximos cinco minutos". Ahora se acerca el quinto aniversario de sobriedad, un hito importante en las cuentas de AA. Sin embargo, sabe que el cincuenta por ciento de aquellos que alcanzan ese hito finalmente desertan.

Me impresioné con la "iglesia de la medianoche", pero también me pregunté por qué AA satisface necesidades de una forma en la que la iglesia local no lo hace, o al menos no lo hacía, por mi amigo. Le pedí que nombrara la cualidad que se había perdido en la iglesia local y que de algún modo AA había provisto. Se quedó mirando la taza de café durante un largo rato. Esperaba oír una palabra como amor, o aceptación o el hecho de conocerlo a él, quizás el anti institucionalismo. En cambio, dijo de forma suave esta sola palabra: dependencia.

—Ninguno de nosotros podemos hacerlo solos, ¿no es esa la razón por la que Jesús vino? —explicó—. Sin embargo, la mayoría de las personas de la iglesia emanan un aire de autosatisfacción de piedad o superioridad. No siento que se apoyen en Dios de forma consciente o en otra forma. Sus vidas parecen estar en orden. Un alcohólico que va a la iglesia se siente inferior e incompleto.

Se sentó en silencio por un momento, hasta que una sonrisa comenzó a doblarle el rostro.

—Es algo gracioso —dijo al final—. Lo que más odio acerca de mí mismo, el alcoholismo, fue lo que Dios usó para traerme de regreso a Él. Debido a esto, sé que no puedo sobrevivir sin Él. Quizás ese sea el valor redentor de los alcohólicos. Quizás Dios nos llama a los alcohólicos a enseñarles a los santos lo que significa ser dependientes de Él y de su comunidad en la Tierra.

CORRER Y PASAR POR LA PUERTA DE LA CLÍNICA DE SIDA

Algunos de mis mejores momentos de "lectura" suceden mientras corro a lo largo del frente del lago de Chicago, equipado con un *walkman* y auriculares, escuchando libros que se encuentran grabados en cintas de casete.

Cierto invierno las calles oscuras de la ciudad y los cielos grises formaban un telón de fondo perfecto para el libro que había escogido: *Diario del año de la peste* de Daniel Defoe. En una prosa minuciosa pero práctica, describe la plaga que asoló Londres en 1665.

En el relato (el cual ilustra la historia de modo realista), Defoe deambula por las calles de una ciudad fantasma. Más de doscientas mil personas huyeron de Londres, y aquellos que permanecían levantaban barricadas para ellos mismos puertas adentro, aterrorizados con el contacto humano. En las principales vías públicas, donde una vez raudales continuos de personas pisaron, crecía pasto nuevo. "Aflicción y tristeza hay en cada rostro", dice Defoe. En el pico de la plaga, entre mil quinientas y mil setecientas personas morían por día, se juntaban los cuerpos por las noches para enterrarlos en pozos abiertos, grandes y oscuros. El libro describe escenas horripilantes: niños muertos encerrados en la adherencia permanente de la rigidez cadavérica de sus padres, bebés vivos que succionaban en vano en los pechos de las madres que acababan de morir.

Mientras oía, el relato de Defoe tomó un patetismo particular, en vista de una peste de la modernidad. Mi esposa y yo vivimos en un vecindario poblado por muchos gays y no pocos usuarios de drogas. No podía evitar el reflejar el paralelismo entre la época de Defoe y la nuestra, mientras paso corriendo por el frente de una clínica para pacientes de sida y eludo alumbrados enlucidos con carteles de: "Beneficios para enfermos de sida". Comparado con la Gran Peste, la epidemia del sida ha aquejado a una proporción mucho menor de la población, pero ha provocado una respuesta notablemente similar de histeria.

En la época de Defoe parecía que la ira derretida de Dios se había derramado sobre todo el planeta. Dos cometas brillantes aparecían en el cielo todas las noches, señales seguras, decían algunos, de la mano de Dios detrás de la peste. Profetas temerosos deambulaban por las calles, uno haciendo eco de Jonás con su grito: "¡Aún cuarenta días y Londres será destruida!" Otro daba vueltas desnudo, moviendo una cacerola de carbón en la cabeza para simbolizar el juicio de Dios, y otro profeta desnudo y acongojado repetía la misma frase todo el día: "¡El gran y temible Dios! ¡El gran y temible Dios!"

Tenemos la versión moderna de estos profetas. Estas personas bien vestidas, tienden a estrechar el punto de foco del juicio de Dios sobre un grupo en particular, como los homosexuales, quienes se encuentran representados de forma desproporcionada entre los enfermos de sida en los Estados Unidos. En algunos círculos, casi puedo detectar un suspiro de alivio, una satisfacción de que al final "obtienen lo que se merecen". El ministro ya citado, C. Everett Koop, recibía cajas llenas de cartas llenas de odio cada vez que se atrevía a sugerir otra cosa.

La crisis del sida expone un anhelo misterioso entre los seres humanos, un deseo profundamente arraigado de que el sufrimiento debe estar asociado con el comportamiento. Tengo un libro en mi estante, *Teorías de enfermedad*, que sondea a ciento treinta y nueve grupos tribales de todo el mundo. Todos, a excepción de cuatro de ellos, perciben la enfermedad como una señal de desaprobación de Dios (o de los dioses); el autor observa que los pocos que dudaban de tal doctrina probablemente cambiaron sus creencias después de un contacto prolongado con la civilización moderna.

Prácticamente sola entre todas las civilizaciones de la historia, la era moderna, la secular, pregunta si Dios juega un papel directo en sucesos humanos tales como pestes y catástrofes naturales. (Incluso nosotros tenemos dudas: pólizas de seguro especifican cierta "fuerza mayor"). Estamos confundidos. ¿Dios señaló una ciudad en el sudeste para que un tornado la arrasara como un mensaje de juicio? ¿Él retiene la lluvia en África como una señal de disgusto? Nadie lo sabe con certeza. Ah, pero el sida es otra cosa. Más allá de la disputa, la probabilidad de la transmisión de sida aumenta entre aquellos que se involucran en sexo promiscuo o utilizan agujas sucias.

Para algunos cristianos el sida finalmente parece satisfacer el anhelo de una conexión precisa entre el comportamiento y el castigo como sufrimiento. En un sentido general, la conexión se ha establecido, en la misma forma en la que el fumar aumenta el riesgo de cáncer, la obesidad aumenta el riesgo de afecciones cardíacas y la promiscuidad homosexual aumenta el riesgo de enfermedades venéreas. Las consecuencias naturales de tal comportamiento incluyen, en muchos casos, el sufrimiento físico; los científicos reconocen este hecho y lo advierten de forma amplia. Pero la pregunta que acecha permanece: ¿Dios envió el sida como un castigo específico, focalizado?

Otros cristianos no están tan seguros. Ven un peligro grave el jugar a ser Dios o incluso a interpretar la historia en nombre suyo. Como los amigos de Job, finalmente podemos volvernos caprichosos o presumidos, pero no proféticos. *"Mía es la venganza"*, dijo Dios. Cada vez que nosotros los mortales tratamos de apropiarnos de su venganza, pisamos sobre suelo peligroso. El juicio sin amor hace enemigos, no convertidos. Entre los gays de mi vecindario, las frases de los cristianos acerca de la crisis de sida han hecho poco para alentar la reconciliación.

Incluso el lazo aparente de causa-efecto hacia el comportamiento con respecto al sida eleva las preguntas problemáticas. ¿Qué hay con las víctimas "inocentes", tales como los bebés que nacen de madres infectadas o aquellos que recibieron el virus en una transfusión de sangre? ¿Son señales del juicio de Dios? Y si de forma repentina se encontrara una cura, ¿eso significaría el final del juicio de Dios? Los teólogos en Europa altercaron durante *cuatro siglos* acerca del mensaje de Dios en la Gran Peste; pero solo sirvió como veneno de una rata para silenciar todas esas preguntas angustiantes.

Reflejado en esas dos pestes (el flagelo de los incordios que exterminaron a un tercio de la humanidad y el flagelo moderno con su histeria semejante), me encuentro a mí mismo volviendo a un incidente de la vida de Jesús registrado en Lucas 13:1-5. Cuando algunas personas le preguntaron acerca de una tragedia contemporánea, aquí está la forma en la que respondió:

> *En aquella ocasión algunos que habían llegado le contaron a Jesús cómo Pilato había dado muerte a unos galileos cuando ellos ofrecían sus sacrificios. Jesús les respondió: «¿Piensan ustedes que esos galileos, por haber sufrido así, eran más pecadores que todos los demás? ¡Les digo que no! De la misma manera, todos ustedes perecerán, a menos que se arrepientan. ¿O piensan que aquellos dieciocho que fueron aplastados por la torre de Siloé eran más culpables que todos los demás habitantes de Jerusalén? ¡Les digo que no! De la misma manera, todos ustedes perecerán, a menos que se arrepientan".*

Luego Jesús respondió con una parábola acerca de la misericordia contenida. Parece implicar que nosotros los "transeúntes" tenemos tanto que aprender del hecho como las mismas víctimas de la catástrofe. ¿Qué debería enseñarnos una peste? Humildad, por empezar. Y gratitud de que Dios haya retenido tanto el juicio que merecemos. Y compasión, la compasión que Jesús desplegó a todos los que guardan luto y sufren. Finalmente, la catástrofe reúne a la víctima y al espectador en un llamado común al arrepentimiento, al recordarnos de forma abrupta la brevedad de la vida. Nos advierte que estemos listos en caso de que seamos la víctima siguiente de una torre que se cae o de un virus de sida.

Aún tengo que encontrar apoyo en La Biblia hacia una actitud de autosuficiencia: "Ah, merecen su castigo; míralos retorcerse". De hecho, el mensaje de la peste parece estar dirigido a los sobrevivientes tanto como a los afligidos. Me imagino que el sida tiene mucho significado tanto para los que pasamos corriendo por la puerta de una clínica como para los que sufren adentro de ella.

No es un mal lugar para comenzar

Los visitantes de la India a veces afirman que podrían reconocer el país por el olor, incluso si se bajaran de un avión con los ojos tapados. Mi nariz occidental parece abarcar partes de incienso, orina rancia, sándalo, estiércol de vaca, flores, humo de diesel, polvo y alcanfores. Sospecho que al combinar moléculas de todas estas cosas, obtendremos algo del olor de la India. Cuando la visité, lo hice acompañando a un verdadero amante de la India, el doctor Paul Brand, quien había pasado casi la mitad de su vida allí. Me guió en un viaje de trabajo médico inolvidable.

En algunos aspectos, la medicina en ese país difiere muy poco de la que se practica en Estados Unidos y en Europa; después de todo, los doctores están entrenados en las mismas escuelas. Puedes encontrar tomógrafos, aparatos para realizar resonancias magnéticas y otros productos de genialidad tecnológica diseminados a lo largo del subcontinente. Pero afuera, más allá de las ciudades, en las millones de villas, la medicina puede ser categóricamente aventurera. ¿Cómo hace un médico en la India para hidratar a los pacientes con cólera cuando no hay agua potable disponible? ¿Por qué cuelga un coco fresco en un soporte? La mezcla de la glucosa en el coco hermético es tan estéril y casi tan nutritiva como cualquier producto de una tienda de suministros médicos. Aún, es un poco irritante ver un tubo largo de goma serpenteando desde el brazo de un paciente hasta el coco verde brillante.

En Estados Unidos la Cruz Roja debe apelar de forma constante para pedir sangre fresca. Pero en India, donde a los donantes les ofrecen un pequeño pago, surgen nuevos problemas. Un trabajador puede ganar más dinero de una donación de sangre que de un día de trabajo duro. ¿Cómo se evita que el conductor vigoroso de un coche tirado por él, vaya a distintos hospitales varias veces por semana para donar unos mililitros de sangre? El personal médico ha creado un método de tatuado para evitar que los donantes entusiastas se queden sin reservas de sangre en el cuerpo.

Incluso los hospitales más modernos, tales como el Christian Medical College in Vellore deben enfrentar el problema común de los animales intrusos. En Vellore estos animales solían conspirar juntos para robar la comida de los pacientes. Uno de los pájaros astutos, lideraría el golpe volando hacia una puerta abierta para jalar de la bandeja con su pico. Cuando toda la comida se desparramaba en el piso, los cómplices de la conspiración bajaban en picada para la fiesta. Habían aprendido a ignorar los gestos y gritos de los pacientes inválidos. Al final, la gente del hospital aseguró los corredores con telas metálicas de acero fino; en la actualidad, Vellore trabaja en buscar maneras de mantener afuera a los monos.

La práctica de las misiones médicas en India atraviesa un cambio. Las denominaciones y las misiones occidentales han cortado el apoyo, con el objetivo de animar a los hospitales misioneros a convertirse en más autóctonos, pero la política bien intencionada podría ser un detonante. Para sobrevivir, los hospitales deben ofrecer servicios especializados, de elite, que atraigan a clientes que paguen. De esta forma, muchos hospitales de misiones, que tienen más capacidad para proveer servicios pagos, deben enviar a los necesitados a instalaciones del gobierno o simplemente alejarlos. Los más progresistas de estos hospitales buscan formas de vencer este problema, y al hospital CMC en Vellore, con frecuencia, se lo mira como a un modelo.

Velllore es considerada como una de las mejores instituciones médicas en Asia. Entre los hospitales de India, CMC fue el primero en ofrecer cirugía torácica, diálisis renal, cirugía a corazón abierto, microscopía electrónica y neurocirugía. No es poco común para los príncipes de Arabia viajar hacia la ciudad de agua estancada en Vellore en búsqueda de tratamiento. Sin embargo, hace algunos años, los directores de ese lugar se dieron cuenta de que estaban entrenando con exceso a los alumnos para el cuidado de salud en las villas. Un médico entrenado de CMC apenas podría hacer un diagnóstico sin acceso a una máquina de electrocardiograma y analizadores químicos sofisticados. Para contrarrestar esta tendencia, la escuela erigió un hospital separado, con características de cielo abierto, construcción de paredes de barro y paja, para copiar las condiciones de la villa. En la actualidad los alumnos del CMC deben complementar el entrenamiento en ese hospital, usando solo los recursos médicos comunes en las villas miseria de la India.

Además, el CMC auspicia excursiones regulares a las villas periféricas. Un día determinado del mes, todas las personas enfermas o lesionadas de una villa determinada se reúnen debajo de cierto árbol. Una camioneta del CMC llega, y los médicos y los asistentes jóvenes salen en desorden, instalan camillas para examen y comienzan la rutina de inyecciones, entablillado de huesos y cirugías menores. De esta forma el entrenamiento médico de la facultad abarca en la actualidad tres niveles de cuidado: servicios sofisticados dentro del hospital, un hospital rural hecho a escala y clínicas móviles básicas. En la actualidad no son cientos, sino miles son los de pacientes que reciben cuidados todos los meses.

La India no puede proporcionar el cuidado médico más básico a todas las personas. Solo el veinte por ciento de la población tiene cloacas y agua potable. Tan solo se necesita visitar la ciudad santa de Varanasi, en el río Ganges, para ver a qué se enfrentan los profesionales de la salud. Cuerpos de perros y búfalos de agua flotan, a veces usados como balsas por los buitres. Las vacas sagradas caminan a su voluntad en el agua, defecando y orinando. Y, sin embargo, miles de peregrinos van todos los días a las escaleras que llevan al río para los baños rituales: se sumergen siete veces en el río, lo usan para lavarse los dientes y luego, de forma solemne tragan el agua santa.

Demandaría una revolución el solo hecho de cambiar las percepciones de la población local con respecto a la salud, y permitir la creación de una superestructura para ofrecerles tratamiento. Pero hay esperanzas, mucha de la cual viene en el nombre de Cristo. Una estadística confiable revela el fruto de dos siglos de trabajo misionero fiel: de apróximadamente mil millones de ciudadanos que tiene la India, menos del tres por ciento se llama a sí mismo cristiano y, sin embargo, los cristianos son los responsables por más del 18% del cuidado de la salud de la nación. Una población que tiene la mitad del tamaño de los Estados Unidos y que abarca hindúes, musulmanes, sikhs, janinistas, parsis y comunistas, recibe el cuidado médico de personas comprometidas en lugares como Vellore.

A pesar de los muchos errores torpes de los misioneros paternalistas, los cristianos han dado a la India un legado inspirado de educación y medicina. Si uno dice la palabra "cristiano" a una campesina india, quien quizás jamás haya oído acerca de Jesucristo, la primera imagen que viene a su mente bien podría ser la de un hospital o la de una camioneta médica que se detiene en su villa una vez al mes para proporcionarles cuidado personal gratuito en el nombre de Cristo. Por cierto, no es la totalidad del evangelio, pero no es una mala manera para comenzar.

Moralidad que paga

"Un pueblo de prados abiertos y de mentes cerradas", fue como Ernest Hemingway describió una vez su ciudad natal de Oak Park, Illinois. Pero el Oak Park moderno trata de revertir los adjetivos de Hemingway con un intento valiente de abrir las mentes. No hace mucho tiempo, Chicago proyectó un sistema de méritos que pagaría en efectivo, a modo de recompensa, a los ciudadanos deseosos de integrar su vivienda al suburbio poblado de árboles de la ciudad.

Funciona de la siguiente forma: si eres propietario de un edificio de departamentos ocupado por miembros de una sola raza, puedes ganar mil dólares en bonificación al permitir que el pueblo te ayude a seleccionar a los inquilinos. Buscarán familias en los grupos minoritarios para que se muden a las viviendas donde todos son de raza blanca, y a las familias de raza blanca las mudarían a viviendas en las que todos son de raza afroamericana. Los planificadores esperan que tales incentivos produzcan deseos para que los propietarios integren a otros a sus propiedades.

La ley me recuerda una propuesta de vivienda justa sugerida a manera de broma en la revista *Harper* hace más de una década. "Enfrentémoslo", comenzó el autor, "apelar a la moralidad y a los ideales altos jamás convencen a los estadounidenses para cambiar los patrones de comportamiento. La única forma de producir un cambio es hacerlo que valga la pena a nivel financiero. *Entonces* verás algo de acción". El autor continuó con la presentación de un programa nacional sumamente arrollador. "¿Qué sucedería", preguntó, "si el Congreso aprobara una ley que le garantizara cuatro mil dólares anuales en deducción de impuestos a cualquier familia que viviera al lado de un miembro de un grupo minoritario?"

De acuerdo con el autor, el tesoro federal en realidad podría ahorrar dinero al desmantelar programas de vivienda mucho menos efectivos. Y de la noche a la mañana, el mercado libre haría milagros de reconciliación racial. Los valores de las propiedades se elevarían, no caerían, cuando una comunidad integrada de esta forma hiciera de los grupos minoritarios los residentes más buscados. Avisos como los siguientes aparecerían en los periódicos locales: "Mil quinientos dólares en efectivo para cualquier familia afroamericana o hispana que desee mudarse a la cuadra 700 de la calle Conwell. Se pagarán todos los gastos de mudanza. ¡Premios gratis de los comerciantes de la zona!"

El enfoque "efectivo por moralidad", surgió primero en un artículo enigmático, y ahora está abiertamente legislado en Oak Park y ofrece una solución intrínsecamente estadounidense para un problema social. Combina la ingenuidad naif con el móvil anticuado de beneficios. ¿Los intolerantes más endurecidos podrán ser capaces de resistir un incentivo de efectivo lucrativo?

* * *

Oak Park fue noticia otra vez cuando el ex presidente Jimmy Carter hizo su aparición en una recaudación de fondos en nombre de una organización cristiana llamada *Hábitat para la Humanidad*. Después del ágape de lujo, se mostró en un vecindario bastante escuálido en Chicago vistiendo un jean azul y una camisa de trabajo. Una vez más, Carter contribuía con sus habilidades de carpintería para reconstruir casas dilapidadas de la ciudad de las zonas más golpeadas. Los camarógrafos de los noticieros parecían no tener suficientes imágenes del antiguo líder mundial empuñando un martillo en los barrios de Chicago.

Hábitat para la Humanidad ofrece un enfoque diferente para los problemas sociales que aquel que se encuentra bajo ese experimento en Oak Park. La organización trabaja no en suburbios opulentos, sino en áreas descuidadas que se encuentran ocultas en ciudades envejecidas, donde nadie quiere vivir. Los participantes no reciben bonos, sino que voluntarios como Jimmy Carter trabajan largas horas sin recibir pago alguno. Las familias pobres seleccionadas para vivir en las casas remodeladas trabajan al lado de estos voluntarios, construyendo una "equidad de sudor". Nadie da cuenta de ganancias de inversión o ahorro de impuestos; Hábitat no garantiza préstamos sin interés a los nuevos propietarios. En lugares como Chicago, las parejas cristianas comprometidas se mudan al vecindario, ofreciendo modelos de roles para los pobres y llevando estabilidad social al área.

Estos dos nuevos enfoques hacia el mismo problema me hicieron pensar acerca de todo el tema del cambio social. Tanto la del municipio de la ciudad de Oak Park como el de *Hábitat para la Humanidad,* tienen objetivos comunes: vivienda buena y razonable para los pobres y alguna forma de romper el candado de la discriminación. Pero las técnicas para alcanzar estos objetivos difieren ampliamente. Oak Park espera "fijar" su sociedad al cambiar primero los ambientes y al final los sistemas de valores de varios grupos minoritarios. Para lograr aquel objetivo, se apoyan en un motivador poderoso: la avaricia humana. Su plan es creativo y racional, el mejor ejemplo del reino de este mundo.

Hábitat para la Humanidad, en contraste, trabaja para producir un cambio más radical entre un número más reducido de personas. Creen que no es suficiente para las personas con recursos invitar a representantes de grupos minoritarios que luzcan bien en la pantalla. Más bien, las personas con recursos deben ir, de forma voluntaria, a los lugares de necesidad y dar su tiempo, su sudor, sus familias y su amor. Esperan cambiar no solo el ambiente humano, sino el corazón. Ni siquiera el motivador poderoso de la avaricia es lo suficientemente fuerte como para lograr esta tarea. El plan involucra mucho riesgo y sacrificio, sin garantía alguna de recompensa. El reino que no es de este mundo, en su mejor expresión.

La gente de Chicago vio dos clips nuevos de Jimmy Carter: el distinguido ex presidente hablando de temas importantes y vestido de forma elegante en Oak Park, y luego al mismo hombre moviendo un martillo en el lado oeste de Chicago. El señor Carter ha tenido los dos pies en ambos reinos. En un momento pudo haber ordenado casas para miles con un golpe de su lapicera. En la actualidad ayuda a los pobres igual que cualquier otro: en persona, una casa por vez. Mientras veía la yuxtaposición de los informes de las noticias acerca de la visita de Carter, no puede evitar el preguntarme cuál enfoque le dio más satisfacción personal.

Sin embargo, una cosa me preocupó: ¿por qué cuando un ex presidente va a una ciudad para construir casas para los pobres, cientos de personas pagarían cincuenta dólares por escucharlo hablar acerca de eso en el banquete de lujo, pero solo unos pocos tomarían martillos y se unirían a él en el lado oeste de la ciudad?

ESCORPIONES, GUSANOS
Y MISILES

Una vez yací desvelado a lo largo de toda una noche larga dentro de una carpa en Somalia. El refugio africano apto para épocas de crisis (una clase en particular), una de una serie de ellas, estaba en su apogeo entonces y yo visitaba el campamento en una tarea escrita. Las tiendas de campaña y los refugios improvisados se extendían por varios miles de metros cuadrados a mi alrededor y las cabañas, ocupadas de forma ilegal contra el horizonte, se ubicaban en hileras de a montones. Albergaban a más de sesenta mil refugiados. La noche estaba cálida y yo quería caminar a través del campamento mirando hacia arriba, porque la Vía Láctea lucía de forma espectacular en el cielo claro del ecuador. Pero los trabajadores del campamento me habían advertido acerca de las caminatas nocturnas debido a los escorpiones.

Contaban historias horrorosas de escorpiones que acechaban de forma maliciosa en las toallas y en las vestimentas, en especial en los zapatos. Las víctimas de sus mordeduras deben resistir un dolor como ningún otro.

—Doce veces el dolor del parto —dijo una enfermera— por al menos dos semanas.

Recientemente, un escorpión pequeño había descendido de la pendiente de una tienda de campaña sobre el rostro de un médico que dormía; aún estaba recibiendo inyecciones de Novocaína en la mejilla, una cada cuatro horas, en un intento de calmar el dolor.

Mientras permanecía despierto podía oír un sonido débil, escalofriante, algo así como el gemido de muerte de un canto fúnebre de una mujer musulmana, en un tono más animal que humano. Supe que esto era el sonido de una nómade somalí a quien un escorpión había mordido, llevado a través del delgado aire del desierto, que aumentaba en volumen con cada hora que pasaba. Al amanecer la nómada alcanzó el campamento de refugiados para recibir tratamiento.

Dejé el campamento después de unos pocos días, y mientras el camión se alejaba, llegué a tomar conciencia y quedé helado. El médico del campamento me había dicho que uno de cada seis refugiados probablemente moriría de desnutrición o de alguna otra enfermedad el mes siguiente. Pero me golpeó con una fuerza horrible el hecho de que durante mi estadía en el campamento había invertido más energía y tiempo preocupándome por estos escorpiones repudiables que en los diez mil refugiados que estaban destinados a morir.

* * *

Una vez un profeta judío llamado Jonás se sentó debajo de la sombra de una enredadera justo afuera de la gran cuidad de Nínive. Pero un gusano hirió a la planta y expuso a Jonás al sol resplandeciente y al viento abrasador del este. Jonás se volvió lo suficientemente hosco, amargo y enojado como para morir.

Dios escogió ese momento en particular para darle a Jonás una lección con respecto a las prioridades divinas. Incluso después del episodio con el gran pez, Jonás jamás aceptó por completo la tarea como misionero a los asirios, ¡los asirios! Los auténticos nazis de la época. Esta gente cruel, impía, que arrasó con civilizaciones completas y llevó afuera a los cautivos con ganchos en las bocas, apenas merecían otra oportunidad. Era el máximo insulto enviarlo a él, un profeta judío, a sus archienemigos. ¿A quién le importaba si Nínive era destruida en cuarenta días? Mientras más azufre hubiera, mejor.

Pero esto es lo que Dios le dijo al profeta malhumorado:

—Te has preocupado por esta enramada, a pesar de que no la tendiste ni la hiciste crecer. Floreció de la noche a la mañana y murió de la noche a la mañana. Pero Nínive tiene más de ciento veinte mil personas que no pueden distinguir entre la mano derecha y la izquierda, y mucho ganado también. ¿No debería preocuparme por esa gran ciudad?

* * *

Hace algún tiempo, algunos oficiales de alto rango del gobierno de los Estados Unidos se sentaron a una mesa para considerar formas de liberar a los estadounidenses que estaban rehenes en el Medio Oriente. De los muchos intentos, solo uno tuvo fruto, un plan que involucró a un cargamento de millones de dólares de componentes militares hacia Irán.

Cuando las noticias llegaron, los periódicos estaban llenos de historias acerca del intercambio de armas por rehenes. Las editoriales expresaron la atrocidad de que Estados Unidos hubiera negociado con una nación hostil que auspicia el terrorismo. Los congresistas condenaron abiertamente el hecho de que las ganancias de la venta de armas se había desviado para apoyar el embargo de la guerra en América Central. Los miembros del comité y los investigadores especiales estudiaron minuciosamente los documentos de embarque y los registros de llamadas telefónicas, para determinar quiénes sabían qué y cuándo. ¿Se violaron leyes? ¿La Casa Blanca había desestabilizado el equilibrio constitucional de poder? Estas eran las preguntas que se debatían de forma acalorada todas las noches en las redes televisivas de noticias, y estos son los temas que debilitaron seriamente a la administración Reagan en los últimos dos años.

De forma extraña, muy pocas personas expresaban en voz alta lo que me parecía el tema más básico de todos, el tema moral fundamental detrás del canje. En esencia, Estados Unidos estaba ofreciendo sesenta millones de dólares en armas, dispositivos brillantemente diseñados para producir muerte, con el objetivo de salvar la vida de sus rehenes. Si se lo mira de forma matemática, se negociaba la muerte de un número de iraquíes (las personas que al final recibían esos misiles, quienes eran nuestros aliados en ese momento) por la vida de seis estadounidenses. Oliver North en realidad trató de computar la matemática que estaba involucrada. Le anotó en un informe a su jefe John Poindexter: "1 707 c/300 TOWs = 1 CIUEST", lo cual más tarde se explicaría con el significado "Un Boeing 707 cargado con 300 misiles antitanque TOW equivalen a un ciudadano estadounidense".

Poco después de una de las entregas de armas a Irán, un misil iraní cayó en las calles de Bagdad, Irak, y mató a cuarenta y ocho ciudadanos. ¿El misil se había obtenido en el trato por los rehenes? En total, dos mil misiles antitanque se enviaron a Irán: ¿que sucedería si el diez por ciento de esos misiles encontraran su marca, golpeando a doscientos tanques iraquíes y matando a dos soldados cada uno? La aritmética es obvia: cuatrocientos iraquíes muertos en intercambio por seis vidas estadounidenses (o tres, como resultó).

No cuestiono el derecho de Estados Unidos de defender a sus ciudadanos por medio de la fuerza. Pero quizás nos perdimos una lección entre todo el bullicio, y aún lo hacemos mientras de forma despreocupada enviamos miles de millones de dólares de armas al exterior todos los años. Quizás mi experiencia en Somalia y la de Jonás en Asiria, tan radicalmente diferente a las circunstancias que rodeaban el "Irangate", tienen un punto común en el tema subyacente de la moral.

¿Es mi propia comodidad física más significativa que la supervivencia de diez mil refugiados? ¿Es la comodidad de un profeta hebreo más importante que la vida de ciento veinte mil niños asirios? ¿Y cuántas muertes de extranjeros valen la pena por la vida de seis estadounidenses?

Es una coincidencia curiosa de la geografía que las ruinas de la antigua ciudad Asiria de Nínive yacen dentro de los bordes del Irak de los tiempos modernos.

Pinochet y el Papa

Por pura casualidad, sucedió que estaba en Santiago, Chile, un día en el que el Papa Juan Pablo II hizo una visita. Era una tarde soleada de abril cuando me apoyé sobre la ventana del hotel, y estiré el cuello para ver un atisbo de la caravana de automóviles. Un millón de personas también lo esperaban en largas filas que bordeaban las calles de una ciudad que había sido limpiada, pintada y adornada con pancartas blancas y amarillas. Francotiradores del ejército patrullaban los techos. Un helicóptero sonaba con estrépito sobre mi cabeza.

Cuando la burbuja de vidrio motorizada del Papa (el "papamóvil", lo llamaban los chilenos), dio vuelta la esquina, la calle brotó en un estallido de alegría y una llovizna de papelitos. Luego, repentinamente, en un abrir y cerrar de ojos, los alientos estruendosos se volvieron silbatinas y chiflidos. El cambio abrupto me desconcertó hasta que vi, justo detrás del papamóvil, un auto agazapado, antiestéticamente blindado con una ventana cortada de forma delgada. Dentro de ese vehiculo se encontraba el general Augusto Pinochet, entonces presidente de Chile. No pude evitar el preguntarme qué era lo que había en la mente de Pinochet: "¿cuál es el secreto del Papa? Él saluda y el país por completo se desvanece". Había un espíritu suelto en Santiago que debe haberlo confundido.

La noche siguiente, ochenta mil adolescentes chilenos llenaron un estadio para escuchar hablar al Papa. Una nube oscura de memoria colgaba sobre el estadio, porque en 1973 Pinochet lo había usado como un lugar de confinamiento para los disidentes. Una veintena de personas fueron asesinadas entonces, y cientos torturadas. (Los grupos de derechos humanos que la iglesia auspiciaba estiman que siete mil chilenos fueron asesinados por las tropas del gobierno durante el régimen de Pinochet). A veces, como un contrapunto a la adulación hacia el Papa, los adolescentes en la reunión estallaron en cánticos espontáneos: "Que se va-ya, Pi-no-chet".

Más temprano ese día, seiscientas mil personas se habían reunido para ver al Papa en una "reunión municipal" al aire libre en uno de los peores barrios de Santiago. "El amor es más fuerte que el odio", dijo el Papa a las multitudes. Pero el odio también tiene sus campeones en Chile. La misma noche de la reunión me encontré a mí mismo enredado en una multitud de estudiantes que se manifestaban en la plaza principal de Santiago. Comenzó como un tipo de marcha sencilla de unidos-de las manos-venceremos. "Juan Pablo, llévate al tirano contigo", coreaban los estudiantes. Pero cuando uno de la multitud arrojó una piedra hacia la vidriera de una tienda, el sonido filoso y percuciente pareció suscitar un instinto de pandilla primordial. Fuegos destellaron de forma espontánea en una docena de lugares y los alumnos comenzaron a hacer pedazos las rejas de acero a lo largo del terraplén de la plaza.

Pronto un ómnibus dilapidado apareció lleno de soldados. Zigzagueaba hacia la multitud, como un león enloquecido que se zambullía en un rebaño de ñues. Los alumnos se esparcían, luego se reagrupaban, después contraatacaban. Oí el desagradable sonido seco de piedras que golpeaban metal, vidrios que se rompían y el gemir enojado de una sirena. El ánimo en la calle parecía acercarse a un punto álgido hasta que llegó un vehículo que tenía una forma extraña y desgarbada como la de un insecto. Era el *guanaco* (nombre de la llama que escupe), un cañón con agua. Los alumnos lo conocían bien. En lo que parecieron segundos, todos se mezclaron con la oscuridad y la plaza quedó de repente vacía. Regresé al hotel y me reuní con otros huéspedes que se encontraban alrededor de un televisor que estaba en el *lobby* y escuchaban al Papa orar por paz.

✳ ✳ ✳

Los viajes internacionales con frecuencia traen a la luz ironías inesperadas. Unos días después estaba en Lima, Perú, y recorría un edificio histórico más bien sombrío. Un guía de viaje me había dirigido allí, para ver "uno de los ejemplos más finos del barroco en América del Sur". Sin duda, una sala grande que quedaba en el piso superior revelaba un tejado maravillosamente preservado y un complejo cielo raso de caoba. Pero, de forma bizarra, en el centro de la habitación había una cruz, con la cabeza de Cristo tallada a mano y montada en la parte superior. Estaba parado en la célebre Corte de la Inquisición, una sala donde por dos siglos y medio (1570-1820) la Iglesia juzgó a los herejes acusados. Los Inquisidores: vestidos con atuendos que tienen un extraño parecido a las vestimentas del Ku Klux Klan, oían primero el testimonio acerca del acusado por parte de los demandantes, quienes usaban máscaras para proteger el anonimato. Luego, después de que el "jurado" de los oficiales de la Iglesia había deliberado, el jefe de la Inquisición anunciaría el veredicto a través de la cruz. La manipulación de ciertas palancas hacía que la cabeza de Jesús se moviera hacia arriba y hacia abajo, lo cual significaba la inocencia del acusado. Pero si la cabeza se movía de un lado a otro, la víctima era enviada a un área similar a un calabozo debajo de la sala.

Los visitantes pueden ver *in situ* las diferentes técnicas de tortura utilizadas; los dioramas debajo del suelo los recrean con un realismo primitivo. Los inquisidores ficticios constantemente "trabajan" sobre las víctimas ficticias, retorciendo cables en su carne, derramando agua en las fosas nasales y desarticulando extremidades en un colgador de estiramiento. Y fue mientras examinaba estas exposiciones en Lima que me pregunté dónde los países modernos de Sudamérica aprendieron la metodología de tortura. La aprendieron de la Iglesia.

La Iglesia, tanto la católica como la protestante, ha experimentado varias formas de poder con el correr de los siglos. El poder de la fuerza bruta, tales como las que se ejercieron en la Corte de la Inquisición de Lima, impuso una ortodoxia teológica sobre la población durante doscientos cincuenta años. Probó ser eficaz, pero a un costo alto: el continente aún no se ha repuesto de la agresión hacia la libertad y la dignidad humana, los líderes de esa misma iglesia ahora buscan una clase de poder superior. He visto esto de la forma más sorprendente desde el balcón del hotel en Santiago: a través de la pura fuerza moral el Papa ordenó más lealtad de Chile que Pinochet con todo su poder pregonado. El profeta Isaías aludió a un tal poder "superior" en esta referencia al Mesías:

> Destruirá la tierra con la vara de su boca; matará al malvado con el aliento de sus labios.
>
> —Isaías 11:4

La yuxtaposición de dos imágenes, el Papa llamando al amor en Santiago y los inquisidores administrando los aplicadores de la verdad en Lima, me trajo a la mente un pasaje del escritor escocés George MacDonald. ¿Por qué Dios se contiene frente a la maldad del mundo?, se preguntaba. ¿Por qué Jesucristo tomó un rol pasivo cuando lo amenazaban con violencia? Esta es la forma en la que MacDonald concluyó:

> En lugar de aplastar el poder del mal con fuerza divina, en lugar de imponer justicia y destruir al malvado, en lugar de traer la paz en la Tierra mediante el gobierno de un príncipe perfecto, en lugar de reunir a los hijos de Jerusalén debajo de sus alas, ya sea que ellos lo quisieran o no, salvándolos así de los horrores que angustiaban su alma profética, Él permitió que el mal hiciera su voluntad mientras duró, se conformó con las formas básicas de ayuda lenta y

desalentadora: haciendo el bien a los hombres, expulsando y no solo controlando a Satanás... A lo largo de su vida en el mundo, resistió todo impulso de trabajar más rápidamente para un bien inferior, con determinación quizás, cuando vio que el anciano, el inocente y el justo eran aplastados.

MacDonald agrega una oración, un recordatorio mordaz para todos nosotros: "Amar la justicia es hacerla crecer, no vengarla".

Certeramente, la fuerza moral es una forma arriesgada de poder. Cuando se la compara con la realidad deslumbrante de la fuerza bruta, puede parecer débil e ineficaz. Pero tiene sus propios métodos de conquista. Quizás si el general Pinochet hubiera entendido la distinción entre estos dos tipos de poder, hubiese sabido la razón por la cual las ovaciones en Santiago cambiaron a abucheos cuando se acercó su auto blindado.

Una confesión agobiante en el lecho de muerte

A pesar de que Simon Wiesenthal sobrevivió a los campos de concentración alemanes, perdió a ochenta y nueve miembros de la familia a manos de los nazis. Desde entonces, ha dedicado gran parte de su vida a perseguir a ex nazis y a criminales de guerra. La gente con frecuencia se pregunta acerca de su obsesión: ¿por qué cazar a hombres de setenta u ochenta años por crímenes cometidos hace medio siglo? ¿No hay perdón para tales personas? ¿No hay reconciliación? Wiesenthal relacionó sus respuestas personales a tales preguntas en un libro delgado pero poderoso, llamado *El girasol*.

El libro comienza con una historia agobiante, un recuerdo de un hecho que tuvo lugar durante el confinamiento de Wiesenthal. Fue elegido al azar y surge a partir de un detalle de trabajo, jalado con fuerza y llevado a la escalera trasera del pasillo de un hospital. Una enfermera lo llevó a una habitación oscura, después lo dejaron solo con una figura lastimosa envuelta en blanco, que yacía sobre una cama. Era un oficial alemán, mal herido, envuelto en vendas manchadas con amarillo. La gasa le cubría todo el rostro.

Con una voz débil, temblorosa, el oficial procedió a ofrecer una confesión sacramental sagrada a Wiesenthal. Relató su niñez y los comienzos en el movimiento juvenil de Hitler. Contó acerca de la acción a lo largo del frente ruso y de las medidas cada vez más brutales que su unidad SS había tomado en contra de la clase baja judía. Luego contó una atrocidad terrible: cuando su unidad agrupó a todos los judíos de un pueblo en un edificio cerrado de madera y lo incendió. Algunos de los judíos, sus ropas y cabellos en llamas, saltaban con desesperación hacia el segundo piso donde estaban los soldados SS, incluido él, y les disparaban cuando caían. Comenzó a contar sobre un niño en particular, un jovencito de cabello negro y ojos oscuros, pero su voz se desvaneció.

Varias veces Wiesenthal trató de dejar la habitación, pero todas las veces la figura que parecía una momia lo alcanzaría con una mano fría, pálida y lo constreñía. Finalmente, después de quizás dos horas, el oficial le explicó la razón por la cual citó a un prisionero judío. Le preguntó a una enfermera si aún existían judíos; si la respuesta era afirmativa, quería que le llevaran uno a su habitación para el último rito antes de la muerte.

—Sé que lo que estoy pidiendo es casi demasiado para usted —dijo—, pero sin su respuesta no puedo morir en paz.

Y después pidió perdón por todos los crímenes contra los judíos, le imploró a un prisionero que al día siguiente podría morir a manos de sus camaradas de la SS.

Wiesenthal estuvo en silencio por algún tiempo, mirando fijo al rostro vendado del hombre. Al final se decidió y se fue de la habitación, sin decir una palabra. Dejó al soldado en tormento, sin perdón.

El libro de Wiesenthal dedica noventa páginas a esta historia. En las ciento cinco páginas siguientes, les permite hablar a otros. Envió la historia a treinta y dos pensadores, rabinos judíos, teólogos cristianos, filósofos seculares y éticos morales, y les pidió que dieran sus respuestas. ¿Había hecho lo correcto? ¿Debió haber perdonado al criminal que moría? La gran mayoría de los encuestados contestó que Wiesenthal hizo bien en dejar al soldado sin perdón. Solo seis pensaron que lo que había hecho era incorrecto.

Algunos de los encuestados que no eran cristianos cuestionaron toda la idea de perdón; lo consideraron un concepto irracional que les permite a los criminales quedar libres de sus responsabilidades y perpetuar la injusticia. Otros otorgaron un lugar para el perdón, pero consideraron los crímenes atroces de los nazis como algo que va más allá del perdón. Los argumentos más persuasivos vinieron de aquellos que insistieron que el perdón solo pueden otorgarlo las personas a las que se les ha hecho mal. ¿Qué derecho moral, preguntaron, tenía Wiesenthal para otorgar perdón en nombre de los judíos que habían muerto a mano de este hombre?

No estoy preparado para emitir un juicio con respecto al dilema casi insoportable que confrontó Simon Wiesenthal en la habitación del hospital. Al menos, las treinta y dos respuestas prueban que esta pregunta no tiene una resolución fácil. Pero La Biblia agrega un giro interesante a un aspecto del dilema que él enfrentó. Se relaciona con una palabra teológica anticuada que también surgió en el libro de Wiesenthal: "reconciliación". Una frase del libro de 2 Corintios me convence que tenemos el derecho de ofrecer perdón en nombre de otro. En ese pasaje Pablo anuncia que se nos ha dado el "ministerio de la reconciliación". *"Así que somos embajadores de Cristo"*, continúa, *"como si Dios los exhortara a ustedes por medio de nosotros: 'En el nombre de Cristo les rogamos que se reconcilien con Dios"* (5:20). Pablo basa el "ministerio de reconciliación" en el ejemplo de Jesús, quien de forma voluntaria asumió nuestro pecado para que pudiéramos, a través de Él, lograr la rectitud de Dios.

¿Qué es lo que significa ser un ministro de la reconciliación, un embajador de Cristo que proclama perdón a aquellos que no pecaron en tu contra de forma personal? Algunos cristianos tratan de practicar la reconciliación al ir como "testigos de paz" en lugares de moda de Centroamérica y el Medio Oriente, y colocar su cuerpo en la línea de fuego de forma deliberada. El obispo Desmond Tutu guió a una "Comisión de verdad y reconciliación" sancionada por el gobierno en Sudáfrica para ayudar a llevar sanidad a ese país dividido. En Estados Unidos, los voluntarios del programa de Charles "Chuck Colson" para las prisiones, entraban a las celdas que estaban repletas de gente y llenas de temor para proclamar perdón y amor, a personas que la sociedad había hecho a un lado por ser culpables e indignas.

Algunas iglesias han organizado sus programas de alcance en un ministerio de evangelismo y un ministerio de asunto sociales. ¿Deberíamos considerar un ministerio de reconciliación? Las necesidades no solo se encuentran en Centroamérica e Irlanda. En cualquier lugar en el que se rompe un matrimonio, en cualquier lugar donde se ha distanciado a un niño, en cualquier lugar en el que la enemistad separa a los grupos raciales y sociales, existe una necesidad de reconciliación: la necesidad de que alguien tome las cargas de otros y que ofrezca perdón incluso antes de que se pida.

Un hombre, Will Campbell, ha tomado la frase: "Reconcíliense", como el lema de su vida. En su autobiografía *Brother to a Dragonfly* [Hermano para una libélula], explica que su amor y compasión se extendió una vez a los afroamericanos del sur y a los oprimidos, pero no a los sureños de clase baja y a los miembros del KKK. Sin embargo, después de que tres amigos cercanos fueran asesinados por el KKK, escuchó el mensaje de Dios que desafiaba a todo instinto humano. Tenía que ir, como ministro de la reconciliación, al mismo grupo que había matado a sus amigos. Tenía que convertirse, y de hecho lo hizo, en un "apóstol para las clases bajas del sur".

Creo que el título "ministro de la reconciliación" fue uno al que Pablo adujo con entusiasmo. Tenía una razón. Él también tenía un registro de "crímenes de guerra", cometidos, en su caso, en contra de los cristianos. Dios lo perdonó por esos crímenes, y el apóstol de los gentiles jamás pareció superar ese sentimiento sorprendente de estar reconciliados.

Simplemente humano

Solía reunirme con un pastor amable y sabio de forma semi regular. Con frecuencia, el tiempo que pasábamos juntos era de bajo perfil y de forma tranquila, pero particularmente una tarde siempre permanecerá grabada en mi memoria.

Era un día borrascoso de Chicago y me senté envuelto por un suéter de lana cerca de un radiador que silbaba. Ese día yo hice las preguntas. Acababa de leer en un artículo del boletín informativo de una iglesia en la que él, mientras prestaba servicio en el ejército durante la Segunda Guerra Mundial, había participado de la liberación del campo de concentración Dachau. Le pregunté acerca de esa experiencia.

El pastor miró para el otro lado de donde yo estaba, hacia su derecha, pareciendo enfocarse en un espacio en blanco de la pared. Estuvo en silencio por al menos un minuto. Los ojos se movían de un lado hacia el otro de forma rápida, como si trabajara para llenar la escena de cuarenta años antes. Finalmente habló y durante los veinte minutos siguientes, recordó los paisajes, los sonidos y los olores (en especial los olores) que recibieron a su unidad mientras marchaban a través de las puertas de Dachau, justo afuera de Munich. Durante semanas, los soldados habían oído rumores salvajes acerca de los campos pero, habituados a la propaganda de la guerra, no le dieron mucha credibilidad. Nada los preparó, y posiblemente nada podría prepararlos para lo que encontraron adentro.

«Un compañero y yo fuimos asignados a un vagón. Adentro había cadáveres humanos, apilados en filas ordenadas al igual que la leña. Los alemanes, siempre minuciosos, habían acomodado las filas, alternando las cabezas y los pies y acomodando los diferentes tamaños y formas de los cuerpos. Nuestro trabajo era como mover muebles. Levantábamos los cuerpos, ¡tan livianos!, y los llevábamos al área designada. Algunos compañeros no podían hacer su parte. Estaban parados al lado de los cercos de alambre de púas, vomitando.

»No pude creer la primera vez que nos cruzamos con una persona en la pila que aún tenía vida. Pero era verdad. Increíblemente, algunos de los cadáveres no eran cadáveres. Gritamos pidiendo médicos que fueron a trabajar con estos sobrevivientes al instante.

»Pasé dos horas en el vagón, dos horas que para mí incluían toda emoción conocida: ira, pena, vergüenza, aversión; toda emoción negativa, debería decir. Venían en olas, todas excepto la ira. Ella estaba allí e incitaba el trabajo. No teníamos otro vocabulario emocional para una escena tal.

»Después de que habíamos llevado a unos pocos sobrevivientes hacia una clínica improvisada, volvimos la atención a los oficiales de la SS que estaban a cargo de Dachau, que estaba bajo custodia en un escuadrón. La inteligencia del ejército había dispuesto un centro interrogatorio en las cercanías. Estaba fuera del campo, y para llegar hasta allí uno tenía que descender caminando por un barranco a través de un bosquecillo de árboles. El capitán pidió un voluntario para escoltar a un grupo de doce prisioneros hacia el centro de interrogaciones; la mano de Chuck se levantó en el momento.

»Chuck era el soldado más ruidoso, más temerario, más volátil de nuestra compañía. Medía alrededor de un metro sesenta, pero tenía brazos demasiado largos: las manos le colgaban alrededor de las rodillas, como las de un gorila. Venía de Cicero, un suburbio de Chicago, conocido principalmente por el racismo y la asociación con Al

Capone. Chuck afirmaba que había trabajado para Capone antes de la guerra, y ninguno de nosotros lo dudaba.

»Chuck agarró una ametralladora e hizo que los prisioneros de la SS se movieran hacia el sendero. Caminaban delante de él con las manos inmovilizadas detrás de la cabeza, los codos sobresalían a ambos lados. Unos pocos minutos después de que desaparecieron entre los árboles, escuchamos el sonido ruidoso de la ametralladora en tres estallidos largos de fuego. Todos nos agachamos; podría haber sido un francotirador alemán en el bosque. Pero pronto Chuck vino como si hubiese estado de paseo; el humo aún salía de la punta de su arma. "Todos trataron de huir" —dijo con una especie de mirada maliciosa».

Interrumpí la historia para preguntarle si alguien informó lo que Chuck hizo, o si tomaron acciones disciplinarias. El pastor se rió y me miró como diciendo: "¿Habla en serio? esto es la guerra. No, y eso es lo que me golpeó. Fue ese día que sentí el llamado de Dios para convertirme en pastor. Primero, era el horror de los cadáveres en el vagón. No podía absorber una escena tal. Hasta ese momento no sabía que existía una fuerza de maldad absoluta. Pero cuando lo vi, supe, más allá de la duda, que debía pasar la vida sirviendo a cualquier cosa que se opusiera a tal maldad, servir a Dios. Luego vino el episodio con Chuck. Tenía un temor nauseabundo de que el capitán me enviara a escoltar al siguiente grupo de guardias de la SS, e incluso un temor más espantoso de que aceptaba, yo podría hacer lo mismo que Chuck. La bestia que estaba dentro de esos guardias también estaba dentro de mí".

* * *

No podía instar al pastor a más recuerdos del pasado ese día. O había indagado lo suficiente en el pasado o se hubiese sentido obligado a pasarse de nuestra agenda. Pero antes de que dejáramos el tema por completo, le hice una pregunta que, al mirar hacia atrás, me parece casi imprudente:

—Dígame, después de un llamado al ministerio de forma casi cósmica y confrontar la gran maldad del siglo, ¿cómo se siente el cumplir con ese llamado al estar sentado en esta oficina escuchando a "un don nadies" de clase media que divagan en problemas personales?

La respuesta llego de forma rápida, como si él mismo se hubiera hecho esa pregunta muchas veces: "Veo una conexión. Sin ser melodramático, a veces me pregunto qué hubiera sucedido si una persona con habilidad y sensibilidad hubiera entablado una amistad con el joven e impresionable Adolf Hitler mientras vagaba por las calles de Viena en estado confuso. Quizás el mundo se hubiera ahorrado ese derramamiento de sangre y se hubiera ahorrado a Dachau. Nunca sabré quién estaría sentado en esa silla que ocupas en este momento.

En el vagón de aquel tren aprendí que no hay lo que tú llamas "don nadies". Esos cadáveres con pulso estaban más cerca de no ser nadie como tu no puedes imaginar: meros esqueletos envueltos en piel de papel. Yo hubiera hecho cualquier cosa por mantener a esas personas pobres y harapientas con vida. Nuestros médicos se quedaban despiertos toda la noche para salvarlos; algunos en nuestra compañía perdieron su vida para liberarlos. No existen los 'nadie'. Aprendí ese día en Dachau que 'la imagen de Dios' en un ser humano es acerca de lo cual se trata todo esto".

PARTE III

ENTRE LOS CREYENTES

¿Deberíamos estar contentos o tristes debido al resurgimiento del cristianismo evangélico en Estados Unidos? ¿Estados Unidos debería estar feliz o triste?

¿El mundo debería tener la capacidad de decir si una persona es cristiana con el solo hecho de mirarla? ¿Cómo luce un cristiano? ¿Cómo debería lucir un cristiano? ¿Más parecido a la Madre Teresa o a Madonna? ¿Por qué preferimos leer acerca de personas a las cuales no queremos parecernos?

¿Por qué La Biblia da sermones en contra de la idolatría? ¿Qué es lo que hace a esa costumbre arcaica tan ofensiva? ¿Hay idólatras en las ciudades contemporáneas?

¿Hay mormones en todas las ciudades? ¿Los mormones lucen diferente a los cristianos? ¿Deberían hacerlo?

¿Por qué tan pocos cristianos muestran alegría? ¿Una persona alegre debería lucir como la Madre Teresa o como Madonna?

¿Por qué los autores modernos, como John Updile, y los programas modernos de televisión, parecen obsesionados con la sexualidad humana mientras que el tema apenas se aborda en la iglesia, y solo lo hace como una advertencia?

¿Por qué muchos cristianos se sienten más culpables que perdonados? ¿Cómo es el sentimiento de perdón? Si el evangelio consiste en la gracia, la aceptación y el perdón, ¿por qué los consejeros ven a tantos cristianos invadidos por la culpa, el autodesprecio y un espíritu de crítica?

AMOR Y PODER

En el libro *In Season, Out of Season* [En temporada y fuera de temporada], Jacques Ellul, el sociólogo francés ya fallecido, reflejó su larga y productiva vida. Al mirar hacia atrás, vio que su pensamiento y sus acciones provenían de dos caminos paralelos. En el camino secular más activista, fue pionero en la Resistencia Francesa, trabajó en el gobierno de la ciudad y en causas ambientales. En el camino espiritual, la fe cristiana de Ellul encontró la expresión en la vida devocional y en el servicio como pastor y profesor de seminario. Sin embargo, con un tono de desilusión, admitió que jamás logró unir los dos caminos de forma satisfactoria.

La desilusión de Ellul se desarrolló en los pasillos del poder, durante los períodos como líder denominacional y político. Las experiencias que tuvo allí provocaron que se cuestionara si el cambio vendría alguna vez del interior de las instituciones.

—¿Puede alguna estructura transmitir el amor cristiano y la compasión?— preguntó Ellul.

El leer acerca de su lucha me puso a pensar sobre la amplia grieta que separa el poder del amor.

Si pudiéramos hacer un mapa de la historia de la Iglesia cristiana en un gráfico tan simple y revelador como el de un informe del mercado de valores, veríamos incrementos enormes en el poder de la Iglesia. Primero, la fe cristiana conquistó el Cercano Oriente, después Roma y luego toda Europa. Seguidamente se propagó al Nuevo Mundo y finalmente a África y Asia. Sin embargo, y lo más extraño de todo, los picos de éxito y poder terrenal también marcan los picos de intolerancia y crueldad religiosa, aquellas manchas en la historia de la Iglesia de las que estamos avergonzados en la actualidad. Conquistadores que convirtieron al Nuevo Mundo a punta de espada, y exploradores cristianos en África que cooperaron con el comercio de esclavos... aún sentimos las réplicas de sus errores.

A lo largo de la historia cristiana, el amor ha tenido una coexistencia difícil con el poder. Por esta razón me preocupo por el incremento de poder en el movimiento evangélico. Una vez fuimos ignorados o despreciados. En la actualidad los evangélicos se mencionan con frecuencia en las noticias y son cortejados por todo político sabio, al menos cada político *republicano* sabio. Varios movimientos políticos han aparecido de forma repentina con un aroma evangélico distintivo para ellos. Encuentro esta tendencia a la vez alentadora y alarmante. ¿Por qué alarmante? Independientemente del valor de un tema determinado (ya sea el *lobby* a favor de la vida de la derecha o el de la izquierda por asuntos ambientales), los movimientos políticos de arriesgan a quedar cubiertos con el manto del poder que sofoca al amor. Un movimiento por naturaleza traza líneas, hace distinciones, emite juicios; en contraste, el amor borra las líneas, vence la distinción y dispensa gracia.

Bajo ningún punto de vista llamo a adoptar una postura de ostracismo, de esconderse de los temas que confrontan a los cristianos con la sociedad. Se deben enfrentar, dirigir y legislar. Pero las palabras de Pablo continúan persiguiéndome: *"Si hablo en lenguas humanas y angelicales (...) Si tengo el don de profecía y entiendo todos los misterios y poseo todo el conocimiento, pero me falta el amor, no soy nada"* (2 Corintios 13: 1-2). De alguna forma, a menos que nuestro poder sea para corroer como aquel de los líderes religiosos bien intencionados que nos precedieron, debemos acercar el poder con humildad, temor y un amor que consuma a nuestros receptores.

Jesús no dijo: "Todos sabrán que son mis discípulos... si aprueban leyes, sofocan la inmoralidad y restauran la decencia a la familia y al gobierno", sino más bien: *"si se aman los unos a los otros"* (Juan 13:35). Declaró esta afirmación, por supuesto, la noche antes de su muerte. Jamás los estilos contrastantes del poder de Dios y el poder humano se habían desplegado de forma tan abierta. El poder humano, representado por el poder del imperio romano y toda la fuerza de las autoridades religiosas judías, colisionaron de frente con el poder de Dios. De forma sorprendente, en ese momento, Dios escogió el camino de la debilidad deliberada. Podría haber llamado a diez mil ángeles, pero no lo hizo. Mientras miro hacia atrás, hacia esa noche oscura y también hacia otras noches oscuras de la historia, me maravillo frente a la restricción que Dios mostró.

Creo que Dios se contuvo a sí mismo por una razón: sabe la limitación inherente de cualquier forma de poder. Puede hacer todo, excepto lo más importante. No puede forzar el amor. En un campo de concentración, como tantos han contado testimonios conmovedores, los guardias tenían el poder final y podían forzar cualquier cosa. Podían hacer que uno renunciara a Dios, maldijera a la familia, trabajara sin recibir paga, comiera excremento humano, matara y después enterrara a su mejor amigo... o incluso a su propio hijo. Todo esto se encuentra dentro de su poder. Hay una sola cosa que no está: el amor. No pueden forzarte a que los ames.

El amor no funciona de acuerdo con las reglas del poder, y jamás puede forzarse. En ese hecho, podemos vislumbrar el hilo de razón detrás del uso (o del no uso) de poder de Dios. Está interesado en una sola cosa de nosotros: nuestro amor. Esa es la razón por la cual nos creó. Y ningún despliegue pirotécnico de omnipotencia alcanzará eso, solo su vaciamiento final para unirse a nosotros y después morir por nosotros. En este punto está el amor.

Cada niño de la escuela dominical puede citar la teología más profunda: *"Porque tanto amó Dios al mundo que dio a su Hijo unigénito"*. Y, cuando todo eso se evapora, queda lo que realmente es el evangelio cristiano, no una demostración de poder, sino una demostración de amor.

El camino hacia arriba

Adam es un hombre de veinticinco años que no puede hablar, no puede vestirse o desvestirse solo, no puede caminar solo, no puede comer sino con mucha ayuda. No llora ni se ríe. Solo de forma ocasional hace contacto visual. Su espalda está deformada. Los movimientos de sus brazos y de sus piernas están retorcidos. Sufre de epilepsia severa y, a pesar de la medicación fuerte que recibe, hay pocos días en los que no tiene ataques mayores. A veces, cuando se pone rígido de forma repentina, articula un gemido aullador. En muy pocas ocasiones he visto una lágrima grande correr por sus mejillas.

—Me toma alrededor de una hora y media despertar a Adam, darle la medicación, llevarlo a la bañera, lavarlo, afeitarlo, cepillarle los dientes, vestirlo, llevarlo a la cocina, darle el desayuno, ponerlo en la silla de ruedas y llevarlo al lugar donde pasa la mayor parte del día con ejercicios terapéuticos.

En la cima de su carrera, el autor Henri Nouwen se mudó de su lugar en la Universidad de Harvard a una comunidad llamada Daybreak, cerca de Toronto, para ocuparse de los quehaceres diarios, mundanos, relatados anteriormente. Ministró no a intelectuales, sino a un joven que muchos consideran un vegetal, una persona inútil que no debería haber nacido. Sin embargo, hasta el momento de su muerte, Nouwen insistió en que él, no Adam, era el mayor beneficiado en esta relación extraña, inadaptada.

De las horas que pasó con Adam, Nouwen dijo que obtuvo una paz interior tan satisfactoria, que hizo que todo lo demás, las tareas que requerían una mente más sabia, parecieran aburridas y superficiales en el contraste. Al principio, cuando se sentaba al lado de ese niño-hombre silencioso, que respiraba de forma lenta, se dio cuenta de cuán violenta, marcada con rivalidad y competición, cuán obsesiva que era su carrera anterior hacia el éxito en la universidad y en el ministerio cristiano. De Adam aprendió que "lo que nos hace humanos no es la mente, sino el corazón, no nuestra habilidad para pensar, sino nuestra habilidad para amar. Quienquiera que hable acerca de Adam, como un vegetal o como una criatura parecida a un animal, se pierde el misterio sagrado de que Adam es totalmente capaz de recibir y de dar amor". Henri Nouwen aprendió de Adam, gradual, dolorosa y vergonzosamente, que el camino hacia arriba es para abajo.

* * *

Mi carrera como periodista me ha otorgado la oportunidad de entrevistar a diversas personas. Al mirar hacia atrás, puedo apenas dividirlos en dos clases: las estrellas y los siervos. Las estrellas incluyen a los grandes deportistas, actores de películas, músicos, autores famosos, personalidades de la televisión y semejantes. Estas son las personas que dominan las revistas y los programas de televisión. Actuamos de forma servil con ellos, estudiando las nimiedades de sus vidas, la ropa que visten, la comida que comen, las rutinas aeróbicas que siguen, las personas que aman, la pasta para dientes que usan.

Sin embargo, debo decirte, en mi experiencia limitada, que estos, nuestros "ídolos" son el grupo de personas más miserables que jamás haya conocido. La mayoría tiene matrimonios problemáticos o rotos. Casi todos dependen de forma desesperada de la psicoterapia. En una ironía fuerte, estos héroes más grandes que la vida parecen torturados por una falta incurable de confianza en sí mismos.

También he pasado tiempo con siervos. Personas como el doctor Paul Brand, quien trabajó durante veinte años entre los marginados, los más pobres de los pobres, pacientes leprosos en la parte rural de India. O los trabajadores de la salud que dejaron trabajos altamente remunerados para servir con los ministerios Mendenhall en un pueblo muy alejado de Mississippi. O las personas que trabajan en ayuda humanitaria en Somalia, Sudán, Etiopía, Bangladesh, u otros lugares que actúan como depósitos de sufrimiento humano. O los doctores en filosofía dispersos a lo largo de las junglas de Sudamérica y traducen La Biblia a idioma oscuros.

Estaba preparado para honrar y admirar a estos siervos, para sostenerlos como ejemplos inspiradores. Pero no estaba preparado para envidiarlos. Pero como ahora reflejo los dos grupos, lado a lado, estrellas y siervos, los siervos emergen claramente como los favorecidos, los agraciados. Trabajan por una remuneración baja, muchas horas y sin aplausos, "desperdiciando" los talentos y habilidades entre los pobres y los incultos. Pero de alguna forma, en el proceso de perder su vida, la encontraron. Han recibido la "paz que no es de este mundo", tal como Henri Nouwen la describe, una paz que descubrió, no dentro de las paredes imponentes de Harvard, sino al lado de la cama del incontinente Adam.

* * *

Junto con muchos otros cristianos, me estremezco con el tono alborozado de forma maliciosa que caracteriza con frecuencia la cobertura de los medios de los escándalos entre los cristianos. "Ves, esos cristianos no son mejores, no, son peores que el resto de nosotros". Me acongojo debido a los informes de las contribuciones que casi todas las organizaciones cristianas declinan de forma dramática a raíz de cada escándalo nuevo. Considero los obsequios que doy a organizaciones como World Vision, American Leprosy Mission, World Concern,

Wycliffe y Ministerios Mendenhall, como la inversión de devolución más alta que posiblemente pueda hacer.

Quizás un problema que subyace en los escándalos de las superestrellas cristianas es que distorsionamos el Reino de Dios al entrenar nuestro foco no en los siervos, sino en las estrellas. Como Henri Nouwen dijo:

—Mantengan los ojos en aquellos que se niegan a cambiar las piedras en pan, a saltar de grandes alturas o a gobernar con un poder temporal. Mantengan los ojos en Aquel que dijo: "Benditos son los pobres, los nobles, aquellos que lloran y aquellos que tienen hambre y sed de justicia, benditos sean los misericordiosos, los pacificadores y aquellos que son perseguidos por causa de la rectitud"... Mantengan los ojos en el que es pobre con los pobres, débil con los débiles y rechazado con los rechazados. Esa es la fuente de toda la paz.

En otras palabras, mantengan los ojos en el siervo, no en la estrella.

Los Evangelios repiten un dicho de Jesús más que cualquier otro: *"Porque el que quiera salvar su vida, la perderá; pero el que pierda su vida por mi causa y por el evangelio, la salvará"* (Marcos 8:35). Verdaderamente, el camino hacia arriba es para abajo.

Búsquedas triviales

Uno apenas puede leer La Biblia sin encontrar el tema de la idolatría: se clasifica por un gran margen como el tema más comúnmente discutido. No obstante, para nosotros los lectores modernos, nos cuelga una pregunta fastidiosa sobre todos estos pasajes: ¿por qué todo el alboroto? ¿Cuál es la gran atracción con los ídolos? ¿Por qué los hebreos, por ejemplo, seguían abandonando a Yahweh, el Dios que los había librado de Egipto, por troncos de árbol tallados y estatuas de bronce?

Obtuve comprensión en este tema en una visita a la India, donde florece la adoración a los ídolos. En la mayoría de las ciudades indias, las atracciones cuatro estrellas son los templos erigidos en honor a cualquiera de los miles de dioses: dioses monos, dioses elefantes, diosas eróticas, dioses serpientes e incluso una diosa de viruela. Allí observé que la idolatría tiende a producir dos resultados contradictorios: la magia y la trivialidad.

Para los devotos, la idolatría agrega una dimensión de magia a la vida. Los hindúes creen que los dioses controlan todos los eventos, incluyendo desastres naturales como monzones, terremotos, enfermedades y accidentes de tránsito. A estas fuerzas poderosas hay que mantenerlas felices a toda costa. Pero lo que agrada a un dios depende del carácter del dios, y los dioses hindúes pueden ser temibles y violentos. Calcuta, la ciudad más grande de India, ha adoptado a la diosa asesina Kali, a quien se la representa usando guirnaldas de cabezas sangrientas alrededor de una de sus muñecas. La devoción a tales dioses puede llevar fácilmente a un temor paralizante y a la esclavitud virtual de los antojos de los dioses.

Otros hindúes, menos devotos, toman un enfoque diferente. Tratan a los dioses como trivialidades, casi como un hechizo de buena suerte. Un taxista monta una estatua diminuta de un dios mono, decorado con flores, en el tablero del auto. Si uno averigua, dirá que reza para que el dios lo proteja, pero uno que sabe sobre el tránsito en India, solo podrá agregar una risa.

Ambas respuestas modernas hacia la idolatría ilustra qué fue lo que alarmó tanto a los profetas de Israel. Por un lado, el taxista muestra de qué forma la idolatría puede trivializar una deidad. Quizás el dios te ayudará, quizás no, pero, ¿por qué no seguir el juego? Algunos israelitas adoptaron este espíritu, yendo a la deriva de forma descuidada de dios en dios. Ninguna actitud podría ir más allá de aquella que exigía Yahweh, el Dios verdadero. Había escogido a los hebreos como un reino de sacerdotes, un pueblo peculiar, apartado. Se burló de la ridiculez de tallar un dios en un árbol, y luego usar troncos del mismo árbol para cocinar una comida (Isaías 44:16). Él es el Dios del universo, no un amuleto de buena suerte.

Con mucha frecuencia, si no siempre, los ídolos en el Medio Oriente toman una forma más siniestra, más parecida a las diosas siniestras de Calcuta. Los seguidores que adoraban a Baal, por ejemplo, tenían sexo en el templo con prostitutas, o incluso mataban un bebé humano como sacrificio. Actitudes tales hacia la adoración no podrían posiblemente coexistir con devoción a Yahweh. El dios Beelzebú, que significa: "Señor de las moscas", finalmente se convirtió en un sinónimo del mismo Satanás (ver Mateo 10:25).

¿Por qué ídolos siniestros como Baal prueban ser tan irresistibles? Al igual que niños del campo que se quedan boquiabiertos ante la vida de la ciudad grande, los israelitas se mudaron de cuarenta años de dar vueltas en el desierto a una tierra de logro cultural superior. Cuando se establecieron en la nueva ocupación de granjeros, miraron una deidad cananea, Baal, para que los ayudara a controlar el clima. En otras palabras, buscaron un atajo a través de la magia. De forma similar, cuando un ejército poderoso se levantaba para amenazar sus fronteras, los hebreos tomaron prestados unos pocos ídolos favoritos de esos ejércitos, e hicieron sus apuestas en caso de que su propia religión fallara en darles el éxito militar. Los ídolos se convirtieron en una fuente ilusoria de poder, un lugar alternativo para invertir la fe y la esperanza.

La adoración de imágenes esculpidas desapareció de Israel solo después de que Dios tomara la medida extrema de desmantelar a la nación. Pero otras formas más sutiles de idolatría persistieron y persisten hasta la actualidad. De acuerdo con el Nuevo Testamento, la idolatría no necesita involucrar imágenes de madera o piedra. Cualquier cosa que tiente y nos aleje del Dios verdadero funciona como un ídolo.

En la sociedad moderna, dominada por llamados hacia imágenes y estatus, los ídolos abundan. Sin sorprender, la idolatría produce los mismos resultados en nosotros en la actualidad que los resultados que se produjeron en los israelitas. Los mismos dioses, Mamón (dinero), belleza, éxito, tientan nuestra sed por lo mágico. En el nivel humano, trabajan de forma espectacular, nos dan una especie de poder mágico sobre la vida de otras personas, así como sobre la nuestra. Me preocupo más, sin embargo, por los dioses falsos que se escapan de la detección fácil, los que tienden hacia la trivialidad, no a lo mágico. En la idolatría clásica, un símbolo visible expresaba el cambio de lealtad que había sucedido dentro. La mayoría de los ídolos de la actualidad son invisibles, más difíciles de detectar.

¿Por qué los ídolos modernos hacen que Dios parezca trivial? ¿Qué es lo que tiende a reducir la sorpresa, la pasión, la vitalidad de mi relación con Dios? La mayoría de los días no soy tan consciente de la elección entre un dios y Dios; las alternativas no se presentan a sí mismas de forma tan clara. Más bien, encuentro que una serie de distracciones pequeñas le ganan de mano a Dios. Un auto que necesita que lo arreglen, los planes de último momento para un próximo viaje,

un tubo de desagüe que gotea, la boda de un amigo... Estas distracciones, meras trivialidades, pueden llevar a una forma de *olvido* que
se parece a la idolatría en su forma más peligrosa. Las ocupaciones
de la vida, incluyendo las ocupaciones religiosas, pueden dejar afuera
a Dios. Confieso que algunos días me encuentro con personas, con
trabajo, tomo decisiones o hablo por teléfono, todo sin pensar siquiera
un instante en Dios.

A una amiga un incrédulo la inmovilizó en su camino. Después de
oír la explicación que dio con respecto a su fe, él le dijo:

—Pero no actúas como si creyeras que Dios está vivo.

Quisiera tratar de cambiar esa acusación a una pregunta: ¿yo ac-
túo como si Dios estuviera vivo? Es una buena pregunta, una que yace
en el corazón de toda la idolatría y una que debo hacerme a mí mismo
todos los días.

MORMONES, FARISEOS Y OTRA
GENTE BUENA

Algunos mormones te dirán que se convirtieron en una visita a Salt Lake City, y esto es comprensible. Es difícil no quedar impresionado por el área de la ciudad concurrida. Las calles están limpias y bien mantenidas, y las intersecciones están equipadas con dispositivos electrónicos para guiar a los peatones ciegos. Todos parecen vivir en una casa sacada de un programa de televisión con la familia ideal, hasta los niños tienen una mirada como recién lavada que prácticamente resplandece. Uno tiene que buscar a lo lejos, en todas las direcciones, para encontrar una contra cultura; y esto se halla en un estado separado de California solo por la impiedad de Nevada. Quizás la neurosis supura por debajo, pero a nivel externo la sociedad de Utah parece funcionar.

Hace algunos años los mormones gastaron millones de dólares en una serie de panfletos evangelísticos en el cual se alababan a ellos mismos. El primero, el cual apareció como un suplemento de doce páginas en el *Reader's Digest*, describía su estilo de vida saludable y honesto. Para los mormones, el hogar y la familia están primero, decía el panfleto. "Será una familia digna de ser admirada por los vecinos debido a la capacidad tranquila y a la confianza en sí mismo, y por lo general será envidiada por la cercanía y por estar rodeado de actividades compartidas de buena naturaleza... Piense acerca de la familia Osmond: George, Olive y sus nueve hijos... Todos limpios, brillantes, sociables, llevándoles música a millones y amando su estilo de vida". Los mormones tratan de practicar lo que predican, apartando los lunes para la noche del hogar familiar.

El panfleto continuaba alabando las características de los mormones: laboriosos, independientes, resistentes a la interferencia del gobierno. La mayordomía, decía, "es una de las palabras más preciosas del idioma inglés". También lo es la templanza, una palabra bastante conservadora adoptada sin vergüenza por los mormones. Renuncian no solo al alcohol, sino también al tabaco, al café, al té y a las gaseosas. En breve, los mormones apuntan a una forma de vivir honesta, con un éxito alto y con una ciudadanía genuina como pruebas primarias de su fe.

A pesar del atractivo obvio de todas estas cualidades, algo me molestaba mientras leía el panfleto. Las virtudes que alababan me trajeron a la mente no a los mormones, sino a los evangélicos. Prácticamente, cada palabra podría haberse escrito para promocionar a los evangélicos. ¿No queremos ser conocidos por la buena ciudadanía, la laboriosidad, la justicia y la templanza? Si hiciéramos una encuesta callejera, en la cual se le pidiera a la gente que "describiera a un evangélico", obtendríamos respuestas muy similares a las que se describen en el folleto mormón. Una forma de vida limpia. Moral. Respeto por la familia. Ética. Todas buenas cosas. Los evangélicos son, al igual que los mormones, el tipo de personas que todos los estadounidenses quieren tener como vecinos, pero con los que no quieren pasar mucho tiempo.

Uno de los personajes de Walter Percy en *The Second Coming* [La segunda venida] captura bien esta actitud típica:

Tomemos a los cristianos. Estoy rodeado de cristianos. Por lo general hablan cosas placenteras y agradables, no son notoriamente

diferentes de otras personas, a pesar de que ellos, los cristianos del
sur, los de Estados Unidos y los del mundo occidental, han exter-
minado a más personas que a todas las otras personas juntas. Sin
embargo, no puedo estar seguro de que no tienen la verdad. Pero
si la tienen, ¿por qué sucede que son repelentes precisamente en el
grado en el que adoptan y aconsejan la verdad? Uno incluso podría
convertirse en cristiano si hubiera unos pocos, si es que hay algún
cristiano alrededor. ¿Alguna vez has vivido en el medio de quince
millones de bautistas? Un misterio: si las buenas nuevas son verdad,
¿por qué no son agradable oírlas?

Esta última pregunta suena fuerte. ¿Podría ser que los cristianos,
deseosos de señalar qué tan buenos son, descuiden un hecho básico:
que el evangelio viene como una cosa espectacularmente buena que
les sucede a las personas espectacularmente buenas y a las no tan
buenas? Frases como: "personas arrepentidas" o "personas perdona-
das", ¿no podrían servir como un modo más ortodoxo de definir a los
cristianos más que "personas morales"? Claramente, una etiqueta tal
podría, atribuirle a Dios cualquier bondad, por lo tanto asegura que,
en palabras de Pablo: "nadie puede jactarse".

Ya que los cristianos han leído de forma ocupada los fundamen-
tos bíblicos con respecto al aborto, a la educación, a los subsidios al
tabaco, a las decisiones diversas de la Suprema Corte, propondría un
balance importante y correctivo. En nuestras iglesias, ¿por qué no
pasamos más tiempo considerando las implicancias de la parábola
de Jesús del hombre justo y del recolector de impuestos? El primero
le agradeció a Dios por las bendiciones, no porque era un ladrón, un
malhechor, un adúltero o un recolector de impuestos. Ayunaba dos
veces a la semana y daba el diezmo de sus ingresos. El otro tenía una
moral indefendible, no muy parecido a un buen *curriculum vitae,*
sino una teología absolutamente inadecuada. Uno oró de forma elocuente; el otro dijo ocho palabras sencillas: "Dios, ten misericordia
de mí, soy un pecador" (ver Lucas 18:9-14). ¿Quién se fue a su casa
justificado?

De forma curiosa, los fariseos justos tuvieron poco impacto histórico, salvados por un tiempo breve en un lugar remoto del Imperio Romano. Pero los discípulos de Jesús, un grupo de hombres irascibles, poco seguros y deficientes de forma desesperada, se embriagaron con el poder del evangelio y ofrecían el perdón gratis a los pecadores y a los peores traidores. Estos hombres lograron cambiar el mundo.

SIN DERECHO AL DESPRECIO

Sucedió que estaba en Washington D.C. el día en que treinta mil activistas de los derechos de los homosexuales se reunieron para marchar. El día de octubre estaba frío y nubes grises soltaban gotas de lluvia sobre la columna de manifestantes que se desplazaba a través de la capital.

Mientras yo estaba al margen, directamente en frente de la Casa Blanca, observaba una confrontación bastante asombrosa.

Alrededor de cuarenta policías, muchos de ellos montados sobre caballos, habían formado un círculo protector alrededor de un grupo pequeño de manifestantes cristianos. Gracias a los carteles enormes de color naranja que caracterizaban ilustraciones vívidas del fuego del infierno, el nudo pequeño de creyentes verdaderos se la había arreglado para atraer a la mayoría de los fotógrafos de la prensa. A pesar de que los gays los excedían en número en quince mil a uno, los protestantes gritaban consignas inflamatorias a los manifestantes.

—¡Homosexuales, váyanse a su casa! —gritaba el líder en un micrófono, y los otros absorbían los cantos:

—Homosexuales, váyanse a su casa, homosexuales, váyanse a su casa...

Cuando eso se volvió tedioso, cambiaron a:

—Avergüéncense por lo que hacen.

Entre los cantos, el líder liberó mensajes cortos apocalípticos acerca de falsos profetas en el infierno (los cuales, dijo, estaban reservados para los sodomitas y otros pervertidos).

—Sida, sida, viene hacia ustedes —era la última vituperación en el repertorio de los protestantes y el que se gritó con más entusiasmo.

Yo, junto con los protestantes, acabábamos de ver una procesión triste de varios cientos de personas con sida, algunos en sillas de ruedas, otros con rostros delgados y hundidos como los de los sobrevivientes de los campos de concentración, algunos cubiertos con llagas de color morado. Al escuchar el canto, no podía comprender cómo alguien podía desearle a otro ser humano esa fatalidad.

Los mismos manifestantes gays tenían una respuesta mezclada hacia los cristianos. Los pendencieros lanzaban besos o respondían:

—¡Intransigentes! ¡Intransigentes! ¡Vergüenza debería darles!

Un grupo de lesbianas obtuvo unas pocas risas por parte de la prensa al gritar al unísono a los protestantes:

—¡Queremos a sus esposas!

Entre los manifestantes había al menos tres mil que se identificaban con varios grupos religiosos: el movimiento católico "Dignidad", el grupo episcopal "Integridad" e incluso un grupito de mormones y de adventistas del séptimo día. Más de mil marcharon bajo el estandarte de la Iglesia de la Comunidad Metropolitana (MCC), una denominación que profesa una teología mayormente ortodoxa, excepto por su postura con respecto a la homosexualidad. Este último grupo tenía una respuesta mordaz hacia los protestantes cristianos sitiados: se alejaron, se dieron vuelta para enfrentarlos y cantaron: "Cristo me ama, bien lo sé, La Biblia lo dice así".

Las ironías abruptas en esa escena de confrontación estuvieron conmigo mucho tiempo después de que me fui de Washington. Por un lado estaban los cristianos "justos" defendiendo la doctrina pura (ni siquiera el Concilio Nacional de Iglesias había juzgado a la denominación MCC digna de membresía). Por el otro estaban los "pecadores", muchos de los cuales admitían de forma abierta la práctica homosexual. Sin embargo, un lado arrojaba odio y los otros cantaban del amor de Jesús.

* * *

Otra escena con similitudes persistentes a la confrontación en Washington, vino a mi mente. Juan 8 cuenta acerca de un momento cuando Jesús enfrentó a dos partes contrarias. (A pesar de que el pasaje se perdió de las copias primeras de Juan, la historia probablemente registra un hecho real). Por un lado estaban los fariseos y maestros "justos" de la ley. Por el otro lado una pecadora condenada, una mujer atrapada en el acto de adulterio. Los fariseos la habían arrastrado hasta el tribunal de justicia del templo para tenderle una trampa a Jesús. ¿Él seguiría la ley mosaica y ordenaría que la apedrearan, incluso si los romanos se lo prohibían, o iría contra la ley?

En su clásico estilo magistral, Jesús hizo que la trampa se volviera hacia los acusadores. *"Aquel de ustedes que esté libre de pecado"*, dijo, *"que tire la primera piedra"* (Juan 8:7). Mientras Jesús se inclinaba y escribía en el piso con un dedo, la multitud díscola se alejaba de forma silenciosa, todos excepto la mujer que había pecado. *"Tampoco yo te condeno"*, le dijo Jesús al final. *"Ahora vete, y no vuelvas a pecar"* (Juan 8:11).

Para mí, la respuesta de Jesús ofrece un principio importante que se aplica a cualquiera: "justo" y "pecador". Para aquellos que se sienten tentados hacia el fariseísmo o la autosuficiencia, Jesús les dio una palabra de corrección. Él deja al descubierto los pecados que nos esforzamos por mantener ocultos. No tenemos derecho de despreciar y de odiar a otros, porque nosotros también somos pecadores.

El fariseísmo plantea un temor especial a las personas, como los cristianos estrictos que valoran la doctrina correcta y predican acerca de los estándares morales altos. Pero presenta un peligro igual para las personas como los manifestantes de MCC, algunos de los cuales buscan de forma diligente lagunas bíblicas para excusar la promiscuidad sexual. Para todos nosotros el mensaje es el mismo: llevar a la superficie los pecados que más bien se reprimirían o racionalizarían.

Jesús dio un mensaje sorprendentemente diferente al "pecador" obvio en la historia, a la mujer que atraparon en el mismo acto. No ordenó una ejecución por medio del apedreamiento, sino que ofreció aceptación y perdón. No hay pecado —no hay asesinato, no hay adulterio, no hay promiscuidad sexual— lo suficientemente poderoso como para excluir a una persona de la aceptación de Dios... Solo una negativa a arrepentirse es lo que separa al pecador del regalo gratis de Dios del perdón.

Joy Davidman solía decir que los cristianos no somos necesariamente más "morales" que cualquier otro en el mundo, solo somos más perdonados. ¿Cómo luce una persona "perdonada"? Esa es una pregunta que me he respondido con frecuencia desde ese día de conflicto en Washington D. C.

CRECER FUNDAMENTALISTA

Durante mi niñez y adolescencia en Sur Profundo, con frecuencia fui a iglesias del estilo de la que se la etiquetaría generalmente de "fundamentalista". Me doy cuenta de que la palabra fundamentalista se usa de muchas formas, algunas buenas y otras malas; para ayudar a colocarnos en el casillero subcultural; debería advertír que esas iglesias se preocuparon por las tendencias liberales de la Universidad Bob Jones. De hecho, teníamos una tendencia miserable cuando se trataba de la raza. Con frecuencia oía desde el púlpito que los afroamericanos eran "sub humanos", eran maldecidos por Dios para ser una raza "servil". Casi todos en la iglesia creían que Martin Luther King era "un comunista con carnet". (¿En realidad tienen carnet estos comunistas?)

Cuando un amigo me pidió que llenara una encuesta diseñada para "descubrir tendencias fundamentalistas en niños y adultos", me sentí apropiadamente calificado como un sujeto de investigación. Primero llegó una serie de oraciones para evaluar. Me pidieron que marcara en cada una si estaba de acuerdo, totalmente de acuerdo, en desacuerdo, totalmente en desacuerdo o si no sabía. He aquí algunos ejemplos:

- Tengo problemas para acercarme a otras personas.
- Dios es caprichoso.
- Mi cuerpo es feo.
- El mundo es un lugar malo.
- Tengo dificultades para divertirme.
- Los sentimientos son malos.
- Tengo facilidad para juzgar a otros.
- Tiendo a pensar en blanco o negro, en bueno o malo.
- El sexo es malo.
- Tengo temor de ir al infierno.

De manera respetuosa marqué las respuestas a estas y a otras oraciones (no, no revelaré mis respuestas) y luego avancé a la parte abierta de la encuesta. Fue allí donde me encontré con algunas sorpresas.

¿La culpa ha sido un tema para usted? ¿Acerca de qué cosas se siente culpable? ¿Se considera a sí mismo una persona crítica? Sí, la culpa ha sido un tema para mí. Me educaron sintiendo culpa por actividades que se encuentran en la línea divisoria como patinaje sobre ruedas (muy parecido al baile), los bolos (en algunos lugares venden bebidas alcohólicas) y leer el periódico del domingo. En la actualidad, podría hacer cualquiera de esas cosas con una conciencia muy limpia, pero con frecuencia siento culpa con respecto a otros temas. Y, sin embargo, mientras completaba la encuesta me di cuenta de que no tenía un resentimiento persistente contra la culpa. Mi respuesta a la última parte de la pregunta podría explicar por qué: sí, me considero a mí mismo una persona crítica y esa es una cuestión por la que me siento culpable. La culpa es aquella cosa precisa que me hacer ser consciente de mi crítica, sin mencionar muchas otras imperfecciones.

Con el correr de los años, mientras que mi lista personal de "aquello por lo que me siento culpable" ha cambiado de forma drástica, la actitud que tenía hacia la misma culpa ha cambiado de irritación a estima.

¿De qué forma el fundamentalismo afectó tu sentido de autoestima? ¿En qué formas te sientes superior o inferior a otras personas? Mi mente regresó a esas escenas de esa clase de vergüenza que penetra: parado

frente a todos mis compañeros en una clase de lengua de la escuela secundaria, tratando de explicar la razón por la cual no podría ir con ellos a ver la versión en película de Otelo; sentado en un autobús rojo y blanco llamativo del Club Bíblico Juventud para Cristo, equipado con un piano, mientras daba vueltas de forma perezosa en los terrenos de la escuela, cosa que incitaba al desprecio; y escuchaba a un profesor de biología explicar de forma sarcástica la razón por la cual mi trabajo de veinte hojas del trimestre había fallado al demoler el *Origen de las especies* de 592 páginas de Charles Darwin.

Vergüenza, enajenación, inferioridad... estas definieron mi adolescencia. Y, sin embargo, me pregunté a mí mismo, ¿qué daño permanente habían hecho? Quizás aún sufro de algunas heridas psicológicas pero, ¿qué hay con respecto a las alternativas? Pienso acerca de los niños ricos malcriados de la escuela secundaria a la que asistí; crecieron no con vergüenza o inferioridad, sino con arrogancia y superioridad. En la escuela secundaria, los envidiaba; ahora les tengo lástima. Yo me encontraba "en desventaja" debido al fundamentalismo, sí. Pero la desventaja, a fin de cuentas, obró de forma tal que me hizo "pobre en espíritu", un estado que Jesús describió como un requisito para heredar el Reino de Dios.

¿Qué le enseñaron con respecto a las emociones? ¿Qué efecto piensa que la crianza fundamentalista ha tenido en su capacidad para lograr la intimidad emocional? ¿Cómo piensa que el fundamentalismo le dio forma a lo que aprendió acerca de la sexualidad? Está bien, tengo que admitir que el fundamentalismo causó algún daño verdadero aquí. En mi juventud sentía una esquizofrenia curiosa con respecto a las emociones. Emociones negativas, tales como la ira, me llevaron al pecado; las emociones positivas, tales como el júbilo y la alegría, me llevaron al orgullo, un pecado de distinta índole. Y al mismo tiempo tenía que sujetarme de forma constante contra el emocionalismo de las reuniones de la iglesia. Los que hablaban acerca del avivamiento, colgaban visiones del fuego del infierno y nos persuadirían con facilidad a través de repeticiones interminables de *Tal como soy,* hasta que cada chispa interna de temor y culpa se hubiera encendido.

Incluso el efecto dañino de aquel acercamiento de una sierra hacia las emociones, no obstante, se hubieran redimido de forma parcial. Emociones marchitas, un sentido profundo de enajenamiento, una tendencia hacia la introspección, el impacto residual de estas, ha ayudado en realidad a mi carrera de escritor, la cual se apoya en la postura de un observador que de alguna forma entra, pero que mayormente está parado en los márgenes.

La encuesta acerca del fundamentalismo, después de avanzar de la misma forma por cinco páginas, concluyó al pedirme que resumiera los efectos positivos y negativos de mi vida al haber crecido en el fundamentalismo. Con respecto a los efectos positivos, nombré estos:

- Conocimientos bíblicos básicos.
- Un reconocimiento de la seriedad de las elecciones individuales y del comportamiento.
- Conciencia de Dios.

Con respecto a los efectos negativos cité los siguientes:

- Desconocimiento cultural.
- Crítica remanente.
- Aislamiento social y experiencias de vida limitadas.

No me tomó mucho tiempo determinar cuál de las dos listas había demostrado ser más importante al formar quien soy en la actualidad. De hecho, algo divertido sucedió mientras completaba la encuesta. Al impulsarme a volver a vivir momentos dolorosos, había esperado que el ejercicio me llevara a una superficie no resuelta de ira y resentimiento. Pero cuando llegué al final, me quedé asombrado principalmente por un sentido de gratitud hacia la herencia recibida.

—¿Por qué este hombre nació ciego?— preguntaron los discípulos de Jesús.

Les dio una respuesta que a la vez es incompleta y profundamente satisfactoria:

—Ni este hombre ni sus padres pecaron, pero esto sucedió para que la obra de Dios pudiera desplegarse en su vida (vea Juan 9:1-3).

Esta es una buena lección para todos nosotros, los que estamos "imposibilitados", incluso los que tienen el impedimento del fundamentalismo, para recordar. Me di cuenta, cuando completé la encuesta, que mi sentido de gratitud se remontaba a la gracia sanadora de Dios, no al fundamentalismo.

Para mí, una prueba de esa gracia sublime ha sido su capacidad de penetrar dentro de un sistema que, a veces, parece especialmente diseñado para perpetuar lo que no tiene gracia.

UNA MORBOSIDAD SALUDABLE

William James, filósofo y psicólogo graduado de Harvard, sometió a escrutinio científico las aseveraciones de alcohólicos convertidos, santos, evangelistas y creyentes comunes. Publicó sus hallazgos en 1902 en un libro que se convirtió en un clásico: *Las variedades de la experiencia religiosa*. Después de entrevistar a muchos cristianos y de leer las publicaciones de muchos otros, a James se le ocurrieron dos clasificaciones completas: "mente saludable" y "mente mórbida".

La religión de la mente saludable era exitosa en la época de James, cuando el cambio de siglo acababa de poner fin a una era de paz y prosperidad sin precedente. "Todos los días y de todas las formas el mundo mejora y mejora", se convirtió en el lema de la época. Muchos creyentes pensaron que el Reino prometido de Cristo en la Tierra había comenzado o estaba por comenzar. Algunas de las tendencias más vigorosas de la mente saludable florecieron en el mismo patio de Harvard, mientras que Boston Brahmins agregaba un pedestal de religión al optimismo liberal de Ralph Waldo Emerson. Nuevas sectas pujantes, tales como la Ciencia Cristiana, irrumpieron la escena, cargadas de promesa.

James contrastó a estos optimistas liberales con los "evangélicos" de mente mórbida, representados por los evangelistas del avivamiento

Jonathan Edwards, John Wesley y Charles Finney. Estos incubadores de pecado describieron el mundo en términos apocalípticos y declararon la única esperanza de tener una experiencia de "nacido de nuevo" que ofrecía salvación a un mundo caído.

Después de sondear a los dos grupos —los optimistas de mente saludable y los del avivamiento de mente mórbida—, James salió sorprendentemente emocionado con los últimos. Comprendió por completo el razonamiento de los de mente saludable: descontaban o negaban el mal, la enfermedad y la muerte. Pero concluyó que esta fe no daba explicaciones para todas las cosas. Incluso sus profetas mayores hicieron el mal, se enfermaron y murieron, al igual que todos los demás. Finalmente los del avivamiento describieron un mundo que en realidad existía, uno inundado de pecado y de sufrimiento.

Mientras leo el estudio clásico de William James a la luz de los tiempos modernos, no podría evitar preguntarme qué conclusiones podría producir un sondeo similar en la actualidad. ¿Ha ocurrido un cambio drástico en las categorías de religión que James definió?

¿Quién tiene mente mórbida en la actualidad? Parece que los optimistas liberales les han abierto paso a los pesimistas liberales, casi hasta el límite. En el Congreso los políticos liberales mueven la cabeza y agitan los dedos con respeto a la crisis de la seguridad social, la proliferación de armas, el efecto invernadero; mientras tanto, la contraparte conservadora trata de convencernos de que nuestro país está en crecimiento. De forma similar, en la religión son las iglesias más conservadoras las que continúan trayendo a colación los temas oscuros, los problemas del conflicto mundial y de las armas nucleares. También, dentro de la tradición evangélica, se mantiene el patrón: mientras más liberal, más compungido.

Incluso mientras que los optimistas liberales —perdón por las etiquetas pero no conozco otra forma de discutir sobre estas cosas— han abandonado el optimismo, una nueva raza de evangélicos se ha reunido para llevar la bandera. Ahora tenemos pensamiento positivo y de posibilidad, y teología de sanidad y riquezas, más impetuosamente optimista que cualquier cosa con la que Emerson hubiera soñado, todos predicados desde púlpitos evangélicos y en las listas de las publicaciones evangélicas más vendidas. Simplemente pon alguno de los cinco programas de televisión cristiana más vistos, y compara el mensaje con la mentalidad saludable que William James describió.

Un revés llamativo ha tenido lugar desde 1902. Los de mentalidad saludable se han vuelto mórbidos y los mórbidos se han vuelto a la mentalidad saludable. Me pregunto a mí mismo qué es lo que ha sucedido en nuestro siglo para que se produzca un cambio tan radical. ¿El mundo ha mejorado tanto? Pocos lo dirían. ¿Tales cambios admirables de fe han sucedido y ahora los cristianos en Estados Unidos —aunque, curiosamente no en Sudán, Irán, China o Sri Lanka— quedan de alguna manera exentos de "las lanzas y de las flechas de la extraña suerte? Algunos argumentarían que la nueva y vigorosa fe en verdad ha surgido en estos últimos días, pero sé que la mayoría de los pastores no informan ningún descenso repentino en el cáncer, en los divorcios y en el abuso infantil entre los miembros de sus congregaciones.

Entonces, ¿qué ha traído un revés tal? Aquí, confieso, debo resistir una ola de escepticismo. ¿La teología evangélica se ha adaptado, me pregunto, a un incremento en el estatus económico y social? ¿Nuestra fe se ha convertido en una de mentalidad saludable debido a que sucede que somos más exitosos en este punto de la historia, en esta nación en particular? ¿Nos hemos vuelto conservadores porque, sencillamente, tenemos más para conservar?

William James murió en 1910 y antes de que pasara mucho tiempo, la mayoría de la fe de mente saludable de su alrededor también murió. Como James profetizaba, no se habían dado cuenta de todos los hechos. El peso terrible de la Primera Guerra Mundial los aplastó, un hecho monstruoso que expuso los desperfectos en su visión de la humanidad y del mundo. Espero y oro para que un hecho, incluso más fatídico, no se levante para sofocar la mentalidad saludable que ha barrido con las iglesias evangélicas en las pocas últimas décadas.

¿Cómo escribes o hablas acerca de la teología en una sociedad que aún usa las palabras teológicas, pero que ha cambiado el significado de las mismas?

Si los cristianos tienen sus propios editores cristianos, librerías cristianas, revistas cristianas, comerciales cristianos y multimedios cristianos, ¿de qué forma las personas que no son cristianas se encontrarán con productos cristianos?

¿Qué es un producto cristiano?

¿Por qué movemos la cabeza y lamentamos la escasez de cristianos en el arte y en la cultura, cuando los mejores novelistas del siglo XIX (Tolstoi y Dostoievski) y dos de los mejores poetas del siglo XX (T. S. Eliot y W. H. Auden) eran cristianos confesos?

¿Cuántos de nosotros leemos a esos cuatro autores en la actualidad?

¿De qué forma podríamos justificar el perder el tiempo en la ficción y en la poesía en un tiempo como este?

¿Por qué movemos la cabeza y lamentamos la escasez de cristianos en el arte y en la cultura, a pesar de que uno de los autores dominantes de este siglo escribe como un Amós o un Isaías moderno? ¿Por qué tan pocos cristianos leen a Aleksandr Solzhenitsyn?

¿Qué es lo que leemos?

¿Por qué gran parte del buen arte surge de circunstancias de opresión? ¿Qué es lo que hace un ambiente mejor nutrido para un autor cristiano: una sociedad libre llena de cristianos o una sociedad hostil llena de no cristianos?

¿Cómo escribes o hablas acerca de la teología en una sociedad que ni siquiera conoce las palabras teológicas? ¿Cómo luciría un libro cristiano en una cultura completamente secular, por ejemplo, en Japón?

¿Qué leen los japoneses?

¿Cómo lucirán los productos cristianos dentro de cincuenta años?

Actos cobardes de deflación

Todos los meses los agentes de bolsa de Wall Street esperan con ansiedad las últimas cifras del problema escondido de la inflación. Pero el problema opuesto es el que asedia a los escritores: la circulación de palabras sufre de deflación desde hace siglos, en forma implacable. Si estudias etimología, incluso de forma casual, el fenómeno se destaca, un patrón abrumador de palabras que pierden su significado con el paso del tiempo. Retroceden, rara vez progresan.

Tomemos *tonto* (*silly*, en inglés*)*. Nadie quiere que lo llamen tonto porque significa fatuo, ridículo. Irónicamente, la palabra original anglosajona quería decir "uno que es feliz y bendecido con la buena suerte". De forma similar, la palabra *idiota* (*idiot*, en inglés) comenzó como un derivado respetable de una palabra griega que describía a una persona singular en un sentido correcto, una persona reservada y no conformista. Al final, la palabra se volvió tan peculiar (otra palabra desvalorizada) que nadie quería ser un idiota.

O consideremos *sincero* (*sincere*, en inglés). Los eruditos están en desacuerdo, pero algunos piensan que esta palabra deriva del uso de los escultores de la frase latina *sin cera*, que significa "sin cera". A veces, un trabajador del mármol avezado usaría cera para emparchar gubias o

ME PREGUNTO ¿POR QUÉ?

raspones antiestéticos en su obra de arte terminada; una obra perfecta, honesta que no necesitaba tal arreglo, se llamaba *sincera*, sin cera. La sinceridad se ha convertido en una imagen, un comportamiento adquirido que no conlleva relación alguna con lo que en realidad sucede en el interior inseguro y dudoso de un vendedor.

La palabra deflación presenta un problema formidable para los escritores, pastores y todos los que confían en las palabras para expresar ideas cristianas, porque las palabras teológicas han perdido tanto significado como cualquier otra. ¿Por qué aparecieron de forma repentina en este siglo setenta y cinco versiones de La Biblia? Las palabras de la vieja y buena King James —una versión bíblica que no existe en el idioma castellano— sencillamente no se han sustentado bien en nuestra era de lenguaje desvalorizado.

Lástima una vez quiso decir misericordia o clemencia. Deriva de la misma raíz de "piedad" y una vez describió a alguien quien, como Dios, se acercó de forma compasiva para ayudar a los menos afortunados. Finalmente, el énfasis se trasladó desde el dador puritano objeto de la compasión, a alguien que era visto como débil o inferior. Un deterioro similar sucedió con *caridad*. Cuando los traductores de La Biblia en la versión King James, reflexionaron acerca del concepto de amor ágape expresado de forma tan elocuente en 1 Corintios 13, decidieron que "caridad" transmitiría la más elevada de amor. Qué pena que ambas palabras se hayan deslizado de forma tan mala. Aparentemente, las personas que intentaban demostrar compasión o caridad no midieron los estándares elevados de sus palabras y el lenguaje, consecuentemente, se adaptó. Ahora oímos protestas tales como: "¡No me tengas compasión!" y "¡No quiero tu lástima!"

Tengo una palabra favorita que se ha desvalorizado: *idiota* o *cretino*. En el lenguaje médico, el cretinismo describe un estado grotesco de deficiencia de tiroides caracterizada por el crecimiento atrofiado, la deformidad, el bocio, la piel escamosa e (dicho suavemente) *idiotez*. El estado apareció primero en regiones como los Alpes o los Pirineos, donde el agua potable no contenía suficiente yodo. De forma gradual, la palabra *cretino* abarcaba a "cualquiera que tuviera una deficiencia mental marcada". Y esta denigración categórica que recayó sobre la palabra latina *christianus*. ¡Uy! Este asunto etimológico puede tocarnos de cerca.

Las pocas palabras sagradas que permanecen, se ensucian con el uso diario. Escuchen unas pocas canciones populares acerca del *amor* y traten de detectar alguna similitud entre lo que describen los textos de esas canciones y lo que se define en 1 Corintios 13. La palabra *redención* ha sobrevivido en el tiempo, pero principalmente al referirse a centros de reciclado. Incluso, la cultura moderna captura términos como *nacido de nuevo* y se apodera de él para hablar de autos usados, perfumes y equipos de fútbol.

Tristemente, los cristianos no inventan palabras nuevas y fuertes que capturen los significados que se escapan. Miramos mayormente a los psicólogos para encontrar nuestros neologismos; por eso oímos de forma incesante sobre nuestra "amistad" o "relación personal" con Dios, a pesar de que C. S. Lewis señala en *Los cuatro amores*, que esa es la imagen menos precisa para describir el encuentro entre el Creador y la criatura.

Pero unas pocas palabras han mantenido su brillo y podrían sobrevivir unas pocas décadas más. Una palabra se ha infiltrado de forma tan amplia que sería difícil exterminarla sin que causara un enfrentamiento: la palabra *gracia*, un vocablo teológico maravilloso, que todos los segmentos de la sociedad han tomado prestada de forma desvergonzada. Muchas personas aún "dan gracias" antes de las comidas, reconociendo que el pan diario es un regalo de Dios. Estamos *agradecidos* por la bondad de alguien, *gratificados* a causa de la buena noticia, *agraciados* cuando tenemos éxito, y brindamos *gracia* cuando hospedamos amigos. Un compositor agrega notas de *gracia* a la partitura, lo cual los pianistas buenos aprenden a tocar *graciosamente*.

La industria de la publicación secular llega lo más cerca a preservar el significado original de la palabra en la política de temas relacionados con la *gracia*. Si uno se suscribe a una revista por doce ejemplares, quizás continúes recibiendo algunas copias de más incluso después de que la suscripción ha caducado. Estos son ejemplares de *gracia*, gratis, inmerecidos, enviados con el objetivo de tentarte para que vuelvas a suscribirte. Son *gratis*, y aquí aparece otra vez.

El uso favorito que tengo de la raíz de la palabra *gracia* aparece en una frase latina: *persona non grata*. Una persona que no es bienvenida e inaceptada en una nación o en una fiesta, es una *persona non grata*; de forma literal, una persona sin *gracia*. En cualquier momento que escucho esas dulces sílabas, pienso en el pasaje de 1 Pedro en el cual el apóstol trata de alcanzar las palabras que impresionen a los lectores con el esplendor de su llamado. *"Ustedes son linaje escogido* —dice— *real sacerdocio, nación santa, pueblo que pertenece a Dios..."*. Y luego: *"Ustedes antes ni siquiera eran pueblo, pero ahora son pueblo de Dios; antes no habían recibido misericordia, pero ahora ya la han recibido"* (1 Pedro 2:9-10). Pasamos de ser personas *non grata*, a ser los favoritos de Dios, objetos de su gracia inmerecida.

Si esos ricos conceptos aún perduran, quizás haya aún alguna esperanza en el uso de la lengua.

Una imaginación convertida

—Apenas conozco a algún otro escritor que parezca estar más cerca... del Espíritu de Cristo mismo —dijo C. S. Lewis acerca de un predicador escocés y escritor de literatura fantástica, George MacDonald.

Lewis también dijo:

—Imagino que jamás he escrito un libro en el cual no citara algo de él— y le atribuyó al *Phantastes* de MacDonald el hecho de estimular su propia "conversión de imaginación".

A pesar de haber estantes enteros de libros en tributo a C. S. Lewis, es hora de que le prestemos algo de atención al hombre que Lewis reconoció como "mi maestro".

MacDonald combinó de forma admirable una vida "secular" como novelista y hombre de letras, con el llamado original de predicador del evangelio. Contaba entre sus amigos a celebridades tales como Thackeray, Dickens, Arnols y Tennyson. En un viaje a Estados Unidos en 1873, atestó las salas de conferencia y entabló amistad con Emerson, Longfellow, Whittier, Holmes y Harriet Beecher Stowe. Incluso planteó con Mark Twain la posibilidad de escribir en coautoría una novela, como una defensa en contra de la piratería de derechos de autor de barcos transatlánticos que ambos experimentaban. (¡Uno apenas puede imaginar los resultados de una colaboración tal!). Otros amigos eran muchos de los pintores pre rafaelistas, como por ejemplo su patrocinadora, la señora Byron, el crítico excéntrico John Ruskin y el matemático de Oxford Charles Dodgson (Lewis Carroll).

A pesar de que vivió en una época de gran conflicto entre la ciencia y la religión, George MacDonald no vio una división ente los mundos "naturales" y "sobrenaturales". En su juventud confesó: "Una de mis mayores dificultades al aceptar pensar en la religión, fue que pensaba que tenía que abandonar mis pensamientos hermosos y el amor que tengo por las cosas que Dios ha hecho". En cambio, descubrió que "Dios es el Dios de lo hermoso, la religión es el amor de lo hermoso y el cielo es el hogar de lo hermoso. La naturaleza es diez veces más brillante en el Sol de justicia y mi amor por la naturaleza es más intenso desde que me hice cristiano...". Un naturalismo cristiano tal sirvió para enriquecer las descripciones sensoriales en sus novelas.

"Conocer una prímula es algo mayor que conocer toda la botánica que esta implica, así como el conocer a Dios es algo infinitamente mayor que conocer toda la teología", dijo MacDonald una vez. Aquellos que lo conocían supieron que se refería a conocer a Cristo. MacDonald tenía una disposición alegre y juguetona. Fue padre de once niños, después adoptó dos más cuando la madre de estos se encontraba en problemas económicos calamitosos. Su casa estaba llena de la risa de los niños y de la conversación animada de invitados incesantes. (Un invitado frecuente de la casa de los MacDonald, Lewis Carroll, inmortalizó a una de las hijas y a un gato mascota en *A través del espejo*).

De la biografía escrita por William Raeper, secretario de George MacDonald, se extrae una riqueza de información. Revela un juego de preguntas y respuestas como la especialización de MacDonald en la facultad (¡nada más ni nada menos que de química!) y el hecho de que a los 73 años volvió a estudiar danés y castellano. Al calcular el valor literario de George MacDonald, Raeper sugirió de forma generosa que "la suma de su obra es mayor que sus partes individuales". De las veintiséis novelas, *Phantastes* y *Lilith* sobresalen como las que más perduraron. Pero el análisis de Raeper palidece junto al perfil literario ofrecido por C. S. Lewis en el prólogo a su antología de Mac-Donald. Lewis valora a MacDoanld no como estilista —al igual que muchos victorianos, sufría de didáctica melosa—, sino más bien como un hacedor de mitos. Y, para Lewis, las perspicacias espirituales vistas fugazmente en las novelas pero explícitamente en el diario y en los sermones recopilados de MacDonald, son insuperables.

Gracias a las dos compilaciones de Rolland Hein, *Life Esencial* [Esencial en la vida] y *Creation in Christ* [Creación en Cristo], los sermones de MacDonald aún pueden leerse, en una forma condensada más apropiada para los lectores modernos. MacDonald tenía una carrera pastoral incierta. Los feligreses lo forzaban desde el púlpito debido a su creencia de que el infierno sirve como una especie de purgatorio que lleva hacia la reconciliación final de toda la creación. Las autoridades de la iglesia también se preocuparon por su creencia que de que los animales tendrían un lugar en el cielo, y cuestionaban la influencia sutil del idealismo alemán en su teología.

Sin embargo, al final de su vida, MacDonald había sobrevivido a muchas controversias y fue bienvenido y amado como un orador visitante en muchas iglesias inglesas. Reaccionó en contra del calvinismo estricto de su juventud —como la personalidad de Robert Falconer, "todo el tiempo sentía que Dios estaba listo para saltar sobre él si fallaba una vez"— y presentó a Dios como un Padre amoroso y misericordioso. Una relación idílica con su propio padre viudo fue lo que alimentó esa imagen. MacDonald dijo acerca de Dios: "No puede ser que cualquiera de sus criaturas lo conozcan como Él es y no lo desee". Confiado en que la bondad de Dios se extendería a lo largo de todo el universo, practicó una especie de "fatalismo optimista" que se muestra, por ejemplo, en una carta que escribió para consolar a su esposa en una tristeza privada: "Bueno, este mundo y todos sus comienzos pasarán a algo mejor".

Aprender acerca de MacDonald, pone sus propios sermones en una perspectiva completamente diferente. Las palabras poderosas de la gracia, la libertad de la ansiedad y el amor inconmovible de Dios en realidad surgieron de una vida llena de dificultades. Durante años,

MacDonald deambuló sin dinero por todo Londres en busca de trabajo. Sufrió de forma constante de tuberculosis, asma y una erosión cutánea severa. Dos de sus hijos murieron en su juventud. Demostró no tener éxito para obtener un puesto como docente en la universidad, y las grandes ventas de sus novelas rara vez se traducían en recompensas financieras (muchas de las copias eran ediciones pirateadas). Su familia recurrió a las producciones de la puesta en escena de *El progreso del peregrino* (con el mismo MacDonald caracterizando a Gran Corazón) como una forma de pagar las cuentas.

Tales pruebas difíciles solo acentuaban el ejemplo de fe dejado por uno de los escritores más grandes. La novela *Phantastes* termina con las hojas de los árboles susurrando: "Un bien grande se acerca, se acerca, se acerca a ti, Anodos". George MacDonald creyó eso con todo su corazón, y aplicó la lección a su propia vida así como también a toda la historia.

LOS RIESGOS DE LA RELEVANCIA

Cierta primavera yo solía tomar un tren dos veces por semana en su curso chillante hacia el sur. Ochenta y cinco cuadras en total. Cuando me subía, compartía el vehículo con *yuppies* (término que se comenzó a usar en la década de los '80, y se refería a una joven clase media profesional). Los hombres ataviados con camisas de almidón blanco y trajes de tres piezas; las mujeres, de manera anónima, vestidas con trajes y zapatillas (sujetando con fuerza los zapatos en bolsas debajo de los brazos). A lo largo de la ruta, varias clases étnicas se nos unieron rumbo a los trabajos en las fábricas justo al sur de la ciudad. Luego vendría un paseo de treinta cuadras a través del punto vulnerable de Chicago: casas viejas torcidas y descascaradas, con la basura apilada contra las paredes. Una zona de guerra bajo asedio. Jóvenes afroamericanos con radios de gran tamaño deambulaban por los vagones del tren, vendiendo joyas, incienso, cigarrillos y juguetes para niños.

Al final del recorrido, haría combinación con un ómnibus que me llevaría a mi destino: las torres góticas imponentes de la Universidad de Chicago. Allí, por las dos horas siguientes, me sentaría en una sala con otros once y estudiaría la poesía de T. S. Eliot. Los poemas, a pesar de que se escribieron medio siglo antes, aún tenían una inmediatez persistente sobre ellos mismos. Las personas que viajaban a Chicago, desconectadas, silenciosas y con los rostros marcados por la tensión, eran los mismos personajes que Eliot había descripto en *La canción de amor de J. Alfred Prufrock* y en sus otras obras. Las imágenes de miseria urbana combinaban perfectamente con lo que pasaba el tren en el que viajaba. En un exiquisito poema, el extraño desterrado de Estados Unidos cambió por siempre la forma en la que este siglo se mira a mí mismo. Las personas aún debaten acerca del significado de *La tierra baldía*, pero esa confusión épica y esa desesperación vivieron a definir el humor de la generación del período de entre guerras.

Es difícil para nosotros en la actualidad sondear las repercuciones que aparecieron en la época de T. S. Eliot cuando él, el principal poeta de la desesperanza y del desarraigo, se convirtió al cristianismo. Fue como si se hubiera convertido un Norman Mailer o un Saulo de Tarso. Al principio, los amigos explicaron su conversión como "algo meramente intelectual", un anhelo por orden que lo llevó a encontrar refugio en la iglesia anglicana.

Eliot admitió que la ansiedad con respecto al futuro fue un factor central en su conversión. En contraste, los problemas globales de su época hicieron que los tiempos modernos parezcan pacíficos: Hitler, Mussolini y Franco esparcían el terror a lo largo de Europa occidental, mientras que Stalin causaba estragos en la mitad oriental del continente. Eliot concluyó que solo la fe cristiana podría llevar orden a ese mundo caótico. Pero cualquiera fuera su motivación inicial, la fe se arraigó y llegó a dominar su pensamiento y su obra. Aquí está el modo en el cual él lo plasmó:

> Creer en lo sobrenatural no es sencillamente creer que después de vivir una vida exitosa, material y bastante virtuosa aquí, uno continuará existiendo en el mejor sustituto posible para este mundo, o que después de vivir una vida famélica o atrofiada aquí uno será compensado con todas las cosas buenas que no ha tenido; creer en lo sobrenatural es creer que aquello es la realidad más grande aquí y ahora.

[...] Doy por sentado que la revelación cristiana es la única completa. La plenitud de la revelación del cristiano reside en el hecho esencial de la encarnación, y está relacionada a todo lo que debe entenderse. La división entre aquellos que aceptan y aquellos que niegan, está dada por la revelación cristiana, que es la más profunda que pueden tener los seres humanos.

¿De qué forma la fe de Eliot afectó su escritura? Algunos se quejaron de que esto lo arruinó, de que el resultado de quince posteriores años a esta conversión carecieron de la profundidad y del genio de las primeras obras. Eliot comenzó a preguntarse si había algún lugar para el arte en un mundo que se había vuelto loco. ¿Cómo podría un cristiano responsable dedicar tiempo a la ficción o a la poesía? Su propia escritura tomó un giro extraño cuando comenzó a aceptar tareas de la iglesia. Virginia Woolf y Ezra Pound refunfuñaban al ver que su amigo se convertía en un sacerdote. La comunidad artística de Inglaterra observaba horrorizada mientras el hombre que era discutiblemente el mejor poeta del siglo, escribió una obra para la actividad encargada de recaudar fondos para la iglesia. Compuso leyendas para una exhibición patriótica de fotos de guerra, y probó con el verso de Navidad. Todos estos parecían más importante, más *útiles* que sus poemas más bien elevados, abstractos.

Finalmente, agobiado por la crisis mundial, Eliot se distanció de la poesía por completo y se acercó hacia la economía y la sociología. Aparentemente había perdido la fe en el poder del arte. Pensó en planes para la redistribución de la riqueza. Regularmente se juntaba con grupos de pensadores cristianos que incluían luminarias tales como Dorothy Sayers, Alec Vidler, Karl Mannheim, Nevil Coghill y Nicholas Berdyaev. Escribió tres libros de advertencia urgente acerca del estado del Occidente como presagio a una sociedad cristiana activa hacia el cese de la decadencia.

Eliot vio un desperfecto fatal en el humanismo moderno. Decía que a menos que los valores en los cuales una nación viva vinieran del exterior, desde arriba, eran vulnerables a cualquier forma de tiranía. (La historia fue rápida para probar que estaba en lo cierto). Para combatir las amenazas, propuso una "comunidad de cristianos" que servirían como una especie de elite, "minoría moral". Como él lo veía, esta reunión de las mentes más fértiles en una variedad de áreas, formularían los valores cristianos para la sociedad en general.

Siguiendo la guía de Eliot, dichos grupos sí se formaron, pero los miembros podrían rara vez estar de acuerdo con respecto a los programas prácticos, e incluso si era deseable para ellos discutir programas prácticos. Su compromiso cristiano común apenas garantizaba un consenso sobre los temas sociales. (Para estimar el problema, imagina una comunidad de cristianos formados por Jerry Falwell, el Papa, el obispo episcopal, Ann Landers y Martin Marty considerando los derechos homosexuales y las políticas de aborto).

Las reflexiones de T. S. Eliot con respecto a la sociedad hacen un estudio histórico fascinante, porque muchos de los mismos temas han resurgido y se debaten con ferocidad en nuestro país en la actualidad. ¿La mayoría moral en es una extensión lógica de la comunidad de cristianos de Eliot? ¿Tiene los cristianos un derecho de imponer sus valores en una sociedad pluralista? Si no, ¿quién puede sugerir una alternativa a los conjuntos de valores?

Con todo, pocos estudiantes estudian de forma minuciosa el comentario de Eliot con respecto a la sociedad. Sus teorías políticas y sociales ahora parecen arcaicas y un poco pomposas, y los estudiosos los tratan con confusión moderada o desprecio categórico. Ninguno de sus muchos escritos acerca de política y teoría social permanecen impresos. De hecho, solo para verlos tuve que visitar una sala de libros poco común de la biblioteca de la universidad. Allí mi mochila estaba vacía, excepto por un lápiz y un bloc de hojas, y se me concedieron dos horas para examinar las obras que ocuparon una de las mentes más grandes de nuestro siglo durante dos décadas. Estaban amarillentas, con olor a humedad e impresas en el papel barato de los años de la guerra. La ironía me golpeó con gran fuerza: alrededor de todo el mundo, los alumnos aún estudian de forma minuciosa su poesía, extraen las alusiones, exploran las imágenes y los símbolos, muchos de ellos profundamente cristianos, insertados allí.

* * *

El centésimo aniversario del nacimiento de T. S. Eliot tuvo lugar en 1988 y ofreció una buena oportunidad para reflexionar acerca de su carrera, como una parábola viviente del valor duradero del arte.

Visita una biblioteca pública en la actualidad y pide ver temas de muestra de 1960 de revistas como *Harper's, The Atlantic Monthly* o *The New Yorker, Esquire.* Cuenta la proporción de artículos que son "literarios" comparados con aquellos orientados a la política o a temas pragmáticos. Luego ve a los estantes que contienen estas corrientes de las mismas revistas. Encontrarás una proporción mucho menor de artículos literarios en las revistas actuales. O, escoge revistas cristianas que se ocupan de temas sociales tales como *The Other Side* y *Sojourners* o incluso *Christianity Today,* y date cuenta cuánto espacio dedican a las artes, en especial a aquellas obras que no tienen un mensaje espiritual o social abierto.

Como sociedad, seguimos dando vueltas desde el arte hacia preocupaciones más urgentes, prácticas. En un mundo que enfrenta crisis económica y ambiental y la amenaza de holocausto global, ¿quién tiene tiempo para la poesía y la literatura? ¿No deberíamos, en cambio escribir y leer acerca de las guerras regionales, la pobreza mundial, la venta de armas y otros asuntos "relevantes"?

Cada vez que me siento tentado por tales pensamientos, recuerdo la influencia continua de autores cristianos tales como Tostoi, Dostoievski, John Donne, Jonathan Swift, John Milton y en especial T. S. Eliot. Donne, de forma similar, abandonó la poesía en la cima de su carrera para dedicarse a escribir sermones, los cuales se leen rara vez en la actualidad. Milton abandonó la poesía durante veinte años durante la guerra civil inglesa. Todos estos escribieron de forma voluminosa acerca de asuntos relevantes de su época, y todas esas obras se han convertido en meras curiosidades, oscuras notas al pie de página para la historia de la literatura. Mientras tanto, sus creaciones, basadas en, según palabras de Faulkner "... las antiguas verdades universales carentes en las cuales cualquier arte es efímero y castigado: amor, honor, piedad, orgullo, compasión y sacrificio", nada de esto ha dejado de iluminar e inspirar.

En algún lugar a lo largo del camino, T. S. Eliot recuperó su voz poética. En una serie de poemas, *Los cuatro cuartetos*, escribió en el apogeo de la Segunda Guerra Mundial, se las ingenió para mezclar la música y el mensaje. Estos poemas muestran el ojo agudo, inquisitivo de la obra previa, pero están salpicados por las perspicacias de su peregrinaje religioso. Una muestra:

> El cirujano herido hunde el acero
> e interroga la parte destemplada.
> Late bajo su mano ensangrentada
> la aguda comprensión del curandero
> que interroga la fiebre en su tablero.
>
> Nuestra única salud es la enfermedad,
> si acato a la enfermera agonizante
> que no intenta agradar: es su constante
> afán el recordar: la humanidad
> empeora y desde allí sigue adelante.

Al igual que muchos cristianos en las artes, T. S. Eliot cuestiona el valor inherente de lo que hacía. ¿El arte vale la pena? ¿Es lo suficientemente útil? A veces apenas lo parecía, a la luz de la crisis global. Sin embargo, la perspectiva cambia con el avance del tiempo. Dudo que hubiera siquiera una clase acerca de Eliot en la Universidad de Chicago si todo lo que tuviéramos fueran sus papeles acerca de la teoría social y de las obras de la iglesia. Y sé que no viajaría ochenta y cinco cuadras en un tren elevado para asistir a dicha clase... si existiera.

> En un mundo de fugitivos el que toma la dirección contraria parece que huye.
>
> —T. S. ELIOT

DOS BECERROS OBSTINADOS

El volumen biográfico de Joseph Frank, *Dostoevsky: los años de prueba, 1850-1859*, se enfoca en un período de diez años que formó el carácter y el punto de vista de uno de los novelistas más grandes de todas las épocas. Mientras leo esta porción de la obra de cinco volúmenes, no puedo evitar el pensar en los muchos paralelos que existen entre Feodor Dostoevsky, el gigante literario del siglo XIX y Aleksandr Solzhenitsyn, un gigante de nuestro propio siglo. Solzhenitsyn mismo dio un tributo consciente al nombrar a los personajes principales de *Un día en la vida de Iván Desinovich* como los prototipos de Dostoievskyi en *Los hermanos Karamazov*. De forma asombrosa, ambos autores siguen el rastro de su desarrollo espiritual a una época de prisión en Siberia, donde los dos experimentaron una conversión religiosa inesperada, y soportaron un fuego refinado de sufrimiento.

Dostoevsky experimentó una resurrección casi literal. Lo arrestaron por pertenecer a un grupo juzgado como traidor por el zar Nicolás I, quien, para impresionar a los radiales jóvenes de la sala acerca de la gravedad de los errores, los sentenció a muerte y a montar una ejecución falsificada. Los conspiradores estaban vestidos con vestimentas de muerte blancas y los llevaron a una plaza pública. Con los ojos vendados y con los brazos atados fuertemente, marchaban ante una multitud que miraba boquiabierta, y luego fueron atados, uno por vez, a un palo delante de un pelotón de fusilamiento. En el último instante, antes de la orden de disparar, llegaba un jinete que galopaba con un mensaje convenido de antemano por el zar: conmutaría de forma misericordiosa la sentencia con trabajos pesados. Dostoievski jamás se recuperó. Había estado en las garras de la muerte y desde ese momento la vida se convirtió para él en algo precioso más allá de todo cálculo. Creyó que Dios le había dado una segunda oportunidad para cumplir con su llamado. Estudió de forma minuciosa el Nuevo Testamento y la vida de los santos. Después de diez años, salió de prisión con convicciones cristianas inconmovibles, como lo expresó en un pasaje famoso: "Si alguien me probara que Cristo está fuera de la verdad... entonces preferiría quedarme con Cristo que con la verdad".

Aleksandr Solzhenitsyn ofrece un relato conmovedor acerca de su propio despertar religioso en el volumen dos de *Archipiélago Gulag*. Con frecuencia se maravilló por el amor, la paciencia y la resignación de los creyentes rusos perseguidos. Una noche, mientras Solzhenitsyn yacía en al cama de un hospital, un doctor judío, Boris Kornfeld, se sentó con él y le relató la historia de su conversión al cristianismo. Esa misma noche golpearon a Kornfeld con un garrote hasta matarlo, mientras dormía. Las últimas palabras de Kornfeld, escribe Solzhenitsyn, fueron: "Yacen sobre mí como una herencia". Comenzó a creer otra vez. Al igual que Dostoevsky, Solzhenitsyn también experimentó una forma de resurrección. Contra todos los pronósticos, se recuperó de cáncer de estómago en el ambiente hostil del gulag, un milagro que lo convenció de que Dios lo había liberado para llevar el testimonio a través de su obra. Desde entonces ha invertido entre catorce y dieciséis horas para completar su tarea.

La prisión les ofreció a los autores otras "ventajas". Además de darle forma a los puntos de vista religiosos, les proveyó un ambiente rico para sus escritos. Dostoevsky fue forzado a vivir en cuarteles cerrados con ladrones, asesinos, campesinos borrachos, hombres llenos de odio por la aristocracia sofisticada que él representaba. En ese mundo el melodrama era más que una convención literaria. El biógrafo Frank cita: "La vida en el campo de prisión le dio un punto de ventaja único desde el cual estudiar a los seres humanos que viven bajo presión física extrema, y la respuesta a una presión tal con el comportamiento más frenético". Esa experiencia cercana lo guió a caracterizaciones irremplazables, tales como el magnicida Raskolnikov en *Crimen y castigo*. En prisión, la visión liberal de bondad inherente en el hombre común, en colisión con la realidad que encontró en sus compañeros de celda, se desmoronó. Pero con el tiempo también vio, en destellos, prueba de la imagen de Dios en esos prisioneros bajos.

Solzhenitsyn tenía una experiencia asombrosa similar. A pesar de que al principio encontró a los compañeros de prisión repelentes, más tarde aprendió a verlos bajo una luz diferente. "Ahora cuando tengo la urgencia de escribir acerca de mis vecinos en esa habitación, me doy cuenta de cuál fue su ventaja principal: nunca otra vez en la vida, ya sea a través de una inclinación personal o en el laberinto social, me acercaría a personas tales... aunque no obstante, de forma tardía yo me atrapo a mí mismo y me doy cuenta de que siempre había dedicado mi tiempo y atención a personas que me fascinaban y que eran agradables, quienes activaban mi compasión y que como resultado yo veía a la sociedad como a la Luna, siempre de un lado".

Él también emergió con una nueva visión de la humanidad que documentaría todos sus escritos. Él medita: "Fue solo cuando yacía allí en la paja podrida de la prisión que sentí dentro de mi ser los primeros sentimientos de bien". De forma gradual, le fue dejado al descubierto que la línea que separa el bien y el mal pasa, no a través de estados, no entre clases, no entre partidos políticos, sino justo a través de cada corazón humano y a través de todos los corazones humanos... bendita prisión, por haber estado en mi vida".

En formas diferentes, ambos autores ofrecen una refutación sorprendente de un dogma aceptado de su época y de la nuestra: que los seres humanos son en total criaturas condicionadas, no autónomas, individuales y libres. Dostoevsky fue encarcelado por un régimen autocrático para el propósito expreso de castigo, no rehabilitación. No obstante, de forma paradójica emergió como un "rusofilia" incurable, obediente a su gobierno y sabio a los excesos de su idealismo anterior.

Solzhenitsyn, por otro lado, fue sentenciado con el objetivo expreso de rehabilitación. El socialismo científico había ideado el gulag como un instrumento masivo de reprogramación, con el objetivo de purgar la sociedad de los elementos no socialistas. Después de todo, Solzhenitsyn había criticado al gran Stalin en una carta a un amigo. En cambio, este graduado se volvió la voz individual más elocuente en contra del régimen que había tratado de rehabilitarlo. Al documentar de manera irrefutable un holocausto sin igual —él estima que sesenta millones murieron bajo el régimen soviético, diez veces el total de Hitler—, cambió el curso de la historia intelectual en la última mitad de este siglo.

Solzhenitsyn tituló su biografía literaria *El roble y el ternero*, haciendo alusión a una fábula rusa acerca de un becerro obstinado quien, inútilmente embestía una y otra vez la cabeza contra un roble grande. El becerro persiste durante tanto tiempo que al final el árbol cae.

El materialismo, la creencia en lo utópico y el conductismo en sus formas extremas, ya sea del oeste o del este, ofrecen desafíos formidables para la doctrina cristiana de la naturaleza del hombre; somos afortunados de que unos pocos becerros obstinados en los últimos dos siglos hayan continuado la lucha.

EL RECHAZADO

Shusaku Endo, quien murió en 1996, fue la más extraña de las criaturas japonesas: un cristiano de toda la vida. En un país donde la Iglesia constituye menos que el uno por ciento de la población, él fue criado por su madre cristiana devota y se bautizó a los once años. Incluso más sorprendente es que Endo, el novelista más prestigioso de todo Japón, escribió libros con temas cristianos que, de manera invariable, estimularon las listas de los mejores vendidos a nivel nacional. Él fue algo así como un héroe cultural en su país, e incluso era el anfitrión en un programa de entrevistas de televisión.

La ficción de Endo ganó el elogio de escritores tales como John Updike y Graham Greene, y con frecuencia se lo mencionó como candidato para el Premio Nobel de Literatura. Seis de sus novelas se han traducido al castellano, pero su libro más popular en Estados Unidos es *Vida de Jesús*, su relato personal de fe.

Al crecer como cristiano en el Japón de la preguerra, Endo tuvo una sensación constante de desarraigo. Los compañeros de clase a veces lo amedrentaban por su asociación con la religión "occidental". Después de la guerra Endo viajó a Francia, con la idea de buscar el estudio de novelistas católicos franceses tales como François Mauriac y George Bernanos. Pero Lyon en 1949 apenas lo hizo sentir bienvenido: fue despreciado esta vez a causa de su raza, no de la religión. Los aliados habían producido una corriente continua de propaganda en contra de los japoneses, y Endo se encontró a sí mismo como el objeto de abuso racial.

Despreciado en su tierra natal, despreciado en su patria espiritual, Endo atravesó una crisis fuerte de fe. Pasó muchos años investigando la vida de Jesús en Palestina, y mientras estuvo allí realizó un descubrimiento transformador: Jesús también conoció el rechazo. Es más, la vida de Jesús se definió por el rechazo. Sus vecinos se reían de Él, su familia a veces cuestionaba su cordura, sus amigos más cercanos lo traicionaron y sus compatriotas negociaron su vida por la de un terrorista. Mientras estuvo en la Tierra, Jesús pareció gravitar hacia otros rechazados: aquellos con lepra, prostitutas, recolectores de impuestos, paralíticos y pecadores de mala fama.

Esta nueva perspicacia en Jesús golpeó a Endo con la fuerza de la revelación. Desde este punto lejano de ventaja en Japón, había visto el cristianismo con una fe triunfante y conquistadora. Había estudiado el santo Imperio Romano y las Cruzadas relucientes, había admirado fotos de las grandes catedrales de Europa, había soñado vivir en una nación en la cual uno pudiera ser cristiano sin desgracia. Pero ahora, mientras estudiaba La Biblia, vio que Cristo mismo no había evitado la "desgracia". Jesús era el siervo sufriente, tal como Isaías lo describe:

> "Muchos se asombraron de él pues tenía desfigurado el semblante;
> ¡nada de humano tenía su aspecto!...
>
> —Isaías 52:14

> No había en él belleza ni majestad alguna; su aspecto no era atractivo y nada en su apariencia lo hacía deseable. Despreciado y rechazado por los hombres, varón de dolores, hecho para el sufrimiento. Todos evitaban mirarlo..."
>
> —Isaías 53:2-3

Muchas de las novelas de Endo se centran en aquel tema del rechazo y del sufrimiento. *Silencio*, su obra más famosa, habla acerca de cristianos en Japón que se retractaron de su fe frente al rostro de la persecución brutal del *shogun*. Endo había leído muchas historias emocionantes acerca de los mártires cristianos, pero ninguna acerca de los traidores cristianos. ¿Cómo podría? Ninguna se había escrito. Sin embargo, para Endo, el mensaje más poderoso de Jesús fue su amor inextinguible, incluso para con, *en especial* para con las personas que lo traicionaron. Sus discípulos lo abandonaron uno por uno, pero, él aún los amaba. Su nación lo ejecutó; pero mientras le estiraban los miembros y permanecía desnudo en la postura de desgracia final, Jesús se despertó para el grito: "*Padre, perdónalos, porque no saben lo que hacen*" (Lucas 23:34).

Shusaku Endo cree que el cristianismo ha fallado al impactar lo suficiente a Japón, debido a que los japoneses han oído solo un lado de la historia. Se han topado, desde luego, con la belleza y la majestad. Los turistas japoneses visitan Chartres y la Abadía de Westminster, y llevan a sus casas fotos de esa gloria. Los coros y las orquestas japonesas, al igual que sus homólogos occidentales, interpretan en la actualidad el *Mesías* de Haendel y la *Misa en Si menor* de Bach.

Pero de alguna forma, los japoneses se han perdido otro mensaje: la historia de un Dios que se hace a sí mismo sin poder, un Hijo de Dios que llora mientras se acerca a Jerusalén. De acuerdo con Endo, Japón, una nación de padres autoritarios, ha comprendido el amor de padre de Dios, pero no el amor de madre, el amor que perdona las equivocaciones y cura heridas y atraen en vez de forzar a otros a sí mismo. "*¡Jerusalén, Jerusalén, que matas a los profetas y apedreas a los que se te envían! ¡Cuántas veces quise reunir a tus hijos, como reúne la gallina a sus pollitos debajo de sus alas, pero no quisiste!*" (Mateo 23:37).

No es solo Japón, pienso, quien necesita oír este mensaje doble. Todos necesitamos un recordatorio. El cristianismo tiene dos símbolos grandes para ofrecerle al mundo: una cruz y una tumba vacía. Una tumba vacía sin una cruz perdería el mensaje central del evangelio. Como señala Endo, otras religiones ofrecen un ser divino poderoso, eternal; solo el cristianismo ofrece un Dios que se convirtió en hombre que sufrió y murió. El Siervo no asumió el dolor sin significado: "*Él fue traspasado por **nuestras** rebeliones y molido por **nuestras** iniquidades*" (Isaías 53:5, énfasis añadido por el autor). En el curso de su vida y su muerte, Jesús asumió el peso de cada rechazo, de cada fracaso, de cada pecador.

Pero una cruz sin una tumba vacía sería sencillamente trágico. Bastantes hombres y mujeres buenos han vivido, amado y muerto. Solo uno ha regresado después de la muerte con una promesa de conquistar la muerte por siempre y de hacer las cosas nuevas.

Adoramos a un Cristo resucitado. Adoramos a un Cristo crucificado. Cualquier cosa que contenga menos que esto, no es suficiente.

El cielo estaba nublado cuando comencé mi marcha el sábado por la mañana, pero a mitad de mi recorrido las nubes se abrieron y me empaparon con una lluvia fría, que hacía estremecer. Estoy seguro de que lucía miserable en la ferretería en la que me detuve camino a casa. El agua goteaba de forma desordenada de la ropa y del cabello mientras sacaba un billete tapado de mis pantalones cortos para pagar algunos de los materiales aislantes. Este día había tenido un mal comienzo.

Después de ducharme, molí granos de café frescos, bebí dos sorbos del líquido caliente y decidí abandonar la lista de tareas que me había asignado. En cambio, iría a ver una película. El festival de películas de Chicago estaba en curso y pronto me encontré en un teatro viendo una película acerca del Tercer Reich dirigida por Erwin Leiser. Veinticinco años después de *Mi lucha*, Leiser asumía otra vez la terrible carga de una artista alemán: trataría de llegar a un arreglo con el romance de su país con Hitler.

Para mi sorpresa, Erwin Leiser mismo, un hombre fornido con bigote, asistía a la premier. Presentó la película al explicar, con un acento inglés poco claro, la razón por la cual la hizo: "He hecho *Mi lucha* con selecciones de noticias de las grandes concentraciones de

Hitler. Mostré el *espectáculo* del Imperio Alemán que había atraído a este pueblo. Pero mientras veía estos noticieros una y otra vez, con el correr de los años me di cuenta de que no retraté la vida de todos los días. No mostraba a alemanes comunes. Sí, algunas personas gritaban en apoyo a Hitler, pero mira los noticieros. Otras persona se quedaban derechas con la mirada fija, con expresiones en blanco. ¿Qué hay con ellos? ¿Qué sucedía en sus vidas? Hice esta película en un intento de responder esas preguntas".

Así, en la segunda película acerca de la Alemania de Hitler, Leiser trató de recrear la vida cotidiana. Una vez más comenzó con partes de noticias bien conocidas: los soldados que marchaban de forma pareja, concentraciones enormes al aire libre, el incendio del edificio del Reichstag, escenas de violencia de la "noche de cristal" contra los judíos, pero entre medio de esas escenas familiares, empalmó viñetas pequeñas, escenas de la vida en Alemania:

- Un juez sentado en una silla en una oficina burócrata nazi. Se lo ve despojado de toda dignidad. Se retuerce y explica débilmente la razón por la cual pasó por alto una concentración nazi para ir a tocar Mozart con su orquesta de cámara habitual.

- Una señora que friega escalones de mosaico con vigor teutónico, desafía de forma obstinada el consejo de su vecina de que deje de trabajar en las casas judías.

- Compradores disgustados que esperan afuera un bombardeo aéreo en un refugio subterráneo; musitan acerca de la derrota militar que jamás había hecho la prensa alemana.

- Un oficial del ejército en Navidad arruina todos los intentos de su esposa de crear un ambiente festivo. Vacía una botella de vino de un trago. "Es la única forma —dice— de olvidar los vagones llenos de judíos que había llevado de regreso al frente oriental".

- Dos conscriptos adolescentes se encuentran con una hoja publicitaria impresa lanzada desde un avión aliado. Muestra cadáveres apilados como leña dentro de un campo de concentración alemán. Discuten entre sí: "¿Pueden suceder estas cosas o es meramente propaganda?

La película, debido a la técnica de alternar videos de noticias y viñetas personales, explora la frontera gris y gruesa que hay entre lo que estará claro para la historia posterior y lo que sucede en realidad en la vida de todos los días. Ahora mirando hacia atrás, las maldades del nazismo surgen como monstruos y los metrajes de filmación de los bombardeos, las concentraciones en masa y los campos de concentración documentan esa maldad. Pero en esa época los ciudadanos alemanes comunes respondían a esas maldades con elecciones pequeñas, cotidianas, hechas en una nube de confusión.

Mientras caminaba a casa después de ver la película a través de una llovizna, pensé sobre la banalidad del mal que Leiser había presentado. No nos gusta pensar en eso como algo banal; preferimos nuestro carácter malvado más que la vida, como Adolf Hitler, quien hace quedar bien a los peores instintos de nuestra especie. Debido a Hitler, podemos tomar un tipo de comodidad perversa en el conocimiento de que alguien es peor que lo que somos nosotros; y, de este modo, de forma irónica, su extremismo horrible puede tentarnos a descontar nuestras formas más bajas de intolerancia o idolatría.

* * *

El teatro quedaba a un kilómetro y medio de mi casa y mientras me alejaba, los pensamientos se volvieron más cercanos hacia mi hogar, a los Estados Unidos. ¿Qué cosa estará clara para los directores de cine dentro de cuarenta años quienes hurgarán en los videos de noticias de nuestra época?

¿Seremos un faro de libertad brillante, una luz en la montaña? ¿Sucumbiremos a la historia —o lo que queda de ella— de forma primitiva como la civilización cuyas armas hicieron posible algo sin precedente: la abolición de toda la humanidad? ¿De qué forma lucirán dentro de unas pocas décadas los millones de abortos que practicamos por año?

O ¿qué sucedería si un director de cine del futuro evita la política por completo y simplemente arma una puesta en escena de cultura *pop*? ¿Qué es lo que el futuro aprendería de un concierto de Madonna, de los dibujos del gato Garfield, de las cintas de video de Jane Fonda o de las novelas de Stephen King? ¿Los directores de cine incluirían extractos de "*Estilos de vida de ricos y famosos*", o quizás un panorama de la frenética bolsa de valores de alta tecnología, como un tributo a nuestra gran riqueza?

¿Qué pasaría si una de las pesadillas ambientales acerca de las cuales oímos se vuelve realidad, la capa de ozono se rompe, las capas de hielo polar se derriten o la lluvia ácida extermina el último lago de América del Norte? ¿Qué es lo que estará claro acerca de nuestra civilización entonces?

Mientras más conjeturo, más depresivo me siento. Y cuando los pensamientos se vuelven hacia adentro me pregunto cómo yo, un ciudadano común, encajo en alguna de estas escenas. Me sentí incluso más deprimido. ¿Cómo podría un Erwin Leiser del siglo XXV empalmar escenas de mi vida con videos de noticias de estos temas confusos? Tuve una sensación de impotencia y de condena tales que no había sentido desde los sesenta, cuando casi todos se sentían impotentes y condenados.

Cuando llegué a casa, tomé una porción de una pizza que había quedado en una caja de cartón en la heladera y la calenté en el microondas. Después decidí hacer la lista de actividades del día sábado. Pasé el resto de la tarde presionando masilla flexible alrededor de las ventanas de mi casa.

PARTE V
LA VIDA CON DIOS

¿Cómo es Dios? ¿Cómo es que la mayoría de los libros de teología lo retratan como lógico, ordenado, inalterable y inefable mientras que La Biblia lo retrata como emocional, flexible, vulnerable y, sobre todo, apasionado?

¿Por qué solo el diez por ciento de La Biblia, las epístolas, están escritas en una forma didáctica directa, mientras que todo el resto usa formas más indirectas de historia, poesía, parábolas y visiones proféticas? ¿Por qué el noventa por ciento de los sermones en las iglesias evangélicas se basan en ese diez por ciento didáctico?

¿Cómo puede Dios amar a tantas personas al mismo tiempo? Si Él en verdad nos ama, ¿por qué algunas de nuestras oraciones más urgentes se mantienen sin respuesta? ¿Por qué no hay más milagros?

¿Por qué está el libro de Job en La Biblia? ¿Alguien ha propuesto un argumento en contra del Dios de amor que no aparece en alguna forma en el libro de Job? Si Job surge como héroe y sus amigos como villanos, ¿por qué los cristianos citan a los amigos de Job con más frecuencia que al mismo Job?

¿Por qué Dios no respondió las preguntas de Job? ¿Por qué a Job parecía no importarle?

¿Por qué los evangelistas de la televisión promueven de forma tan ligera una teología de sanidad y riqueza en un mundo tan lleno de injusticia y sufrimiento como este? ¿Algún cristiano iraní cree en la teología de la sanidad y de la riqueza?

¿Cómo pueden los evangelistas de televisión prometer prosperidad y seguridad a los fieles, incluso cuando Jesús les prometió una cruz, los envió afuera como corderos entre lobos y dejó que la mayoría de sus discípulos tuvieran muerte de mártires?

¿Qué es lo que hace feliz a Dios?

EL AMANTE RECHAZADO

Durante dos semanas de invierno me refugié en una cabaña de montaña en Colorado. Llevé conmigo una valija llena de libros y notas, pero al final de las dos semanas me encontré con que había abierto solo uno de los libros: La Biblia. Comencé en Génesis y leí de corrido. Afuera, la nieve caía de forma furiosa. Para el momento en que llegué a Deuteronomio, la nieve cubría el escalón de abajo; cuando llegué a los profetas, había avanzado hasta el buzón de correo; y cuando finamente llegué a Apocalipsis, tuve que llamar a un camión para que desenterrara la entrada de vehículos. Más de un metro y medio de polvo fresco cayó durante mi estadía allí.

La combinación de quietud amortiguada con nieve, aislamiento de todas las personas y una concentración particular cambiaron por siempre mi forma de leer La Biblia. Sobre todo lo demás, esto es lo que más me golpeó en la lectura diaria: nuestras impresiones comunes acerca de Dios pueden ser muy diferentes de lo que La Biblia en realidad retrata. En los libros de teología leerás con frecuencia acerca de los decretos de Dios y de características tales como la omnipotencia, omnisciencia y la impasibilidad. Estos conceptos pueden encontrarse en La Biblia, pero están bien enterrados y deben extraerse. Simplemente lee La Biblia y no encontrarás un vapor brumoso sino una Persona real. Dios siente deleite, enojo y frustración. A veces, después de decidir en una respuesta, Él "cambia de opinión".

Ya sé, ya sé, la palabra elegante "antropomorfismo" se supone que explica todos esos retratos que parecen humanos. Sin embargo, si lees La Biblia de corrido, como yo lo hice, no puedes evitar estar sobrecogido debido a la alegría y a la angustia, es decir, la pasión del Señor del universo. Es verdad, Dios "pide prestado" imágenes de experiencia humana para comunicar en una forma que podamos comprender, pero seguramente esas imágenes apuntan a una realidad aún más fuerte detrás de ellos. En los profetas, por ejemplo, dos imágenes prevalecen: aquella de un padre enojado y aquella de un amante despreciado.

Para mi sorpresa, Jeremías me afectó más que cualquier otro libro, probablemente debido a que aquel profeta expresa estas dos imágenes de un Dios apasionado con una fuerza emocional palpable. Los primeros capítulos del libro muestran un padre ofendido que trata de razonar con un hijo perdidamente rebelde. Dios relata de qué forma guió a sus hijos a través del desierto hostil, proveyéndoles alimento y agua a lo largo del camino, para llevarlos a una tierra fértil de prosperidad. "*Yo creía que me llamarías 'Padre mío', y que nunca dejarías de seguirme*" (3:19). En cambio, la nación se volvió hacia cualquier dirección, excepto hacia Dios. Llegaron tan lejos como practicar sacrificio infantil, algo, "*que yo jamás les ordené ni mencioné, ni jamás me pasó por la mente*" (19:5; 7:31), un Dios omnisciente habla aquí.

Las conversaciones de Dios con Jeremías expresan el enojo y la futilidad, y detrás de ellos el dolor que todo padre siente en estas ocasiones. De repente, una vida de amor entregada de forma desinteresada parece estar desperdiciada, despreciada. Las esperanzas profundas de la familia se desvanecen y mueren. El niño decidido a retorcer un cuchillo en el vientre de los padres, los desafía con un comportamiento chocante, actúa de forma tal que "*jamás me pasó por la mente*".

Más tarde, Jesús usaría una imagen incluso más original, del reino animal, mientras lloraba delante de una ciudad que unos días después cometería una forma de parricidio eterno. *"¡Jerusalén, Jerusalén, que matas a los profetas y apedreas a los que se te envían! ¡Cuántas veces quise reunir a tus hijos, como reúne la gallina a sus pollitos debajo de sus alas, pero no quisiste!"* (Lucas 13:34).

La Biblia muestra el poder de Dios para forzar a Faraón a que se arrodillara, y a reducir al poderoso Nabucodonosor a un rumiante lunático. Pero también muestra la impotencia de poder para originar lo que Dios más deseaba: nuestro amor. Cuando su propio amor se desprecia, incluso el Señor del universo se siente, de alguna forma, como un padre que ha perdido lo que más valora, o como una madre que observa sin esperanzas mientras sus polluelos huyen hacia el peligro.

En Jeremías el discurso cambia, a veces en la mitad de la oración, desde el punto de vista paternal a uno de un amante. Una y otra vez Dios usa un lenguaje sorprendente de un amante al que le han sido infiel. Dice acerca de Judá: *"¡Considera tu conducta en el valle! Reconoce lo que has hecho! ¡Camella ligera de cascos, que no puedes quedarte quieta! ¡Asna salvaje que tiras al monte! Cuando ardes en deseos, olfateas el viento; cuando estás en celo, no hay quien te detenga"* (Jeremías 2:23-24).

El tono de los discursos de Dios en Jeremías varía ampliamente, se desplaza, de forma abrupta desde gritos indignados de dolor, hasta cálidos ruegos de amor, para luego pasar a súplicas desesperadas por un comienzo nuevo. Los cambios de humor salvajes pueden ser desconcertantes, a menos que uno haya atravesado una experiencia tal como la que Dios describe. Él responde como un amante despechado.

Una amiga mía sobrellevó durante dos años un dolor tal. En noviembre estaba lista para matar a su esposo infiel. En febrero lo había perdonado y se habían mudado juntos otra vez. En abril solicitó el divorcio. En agosto abandonó el procedimiento y le pidió al esposo que regresara. Le tomó dos años el enfrentar la verdad de que su amor había sido rechazado para siempre, sin ninguna esperanza de sanidad.

La imagen de un amante herido en Jeremías —o en Oseas, donde está representada en carne y hueso— es tan impresionante que no puedo comprenderlo. ¿Por qué el Dios que creó todo lo que existe se somete a una humillación por parte de su creación? En Colorado, mientras leía a través de las páginas de La Biblia, quedé obsesionado por la realidad de un Dios que permite que nuestra respuesta le importe tanto.

Cuando regresé a Chicago y comencé a hojear a través de los libros de teología, me di cuenta de nuevo de un peligro en nuestro estudio "acerca" de Dios. Cuando lo domesticamos, en palabras o en conceptos, y lo archivamos de forma alfabética, con facilidad podemos perder la fuerza de la relación apasionada que Dios busca sobre todo lo demás. Quizás no haya un daño mayor para aquellos de nosotros que escribimos, hablamos o incluso pensamos acerca de Dios. Para Él, meras abstracciones puede ser el insulto más cruel de todos.

Después de dos semanas de leer La Biblia por completo, salí con la sensación fuerte de que a Dios no le importa mucho el hecho de que lo analicen. Principalmente, al igual que un padre, al igual que un amante, quiere que lo amen.

METÁFORAS HETEROGÉNEAS

El libro de Oseas se trata del adulterio espiritual; nadie que lo lea puede perderse eso. La esposa de Oseas, Gomer, consolida el mensaje verbal al representar de manera gráfica la historia de la infidelidad de Israel a Dios. Sin embargo, de forma misteriosa, de entremedio del libro de Oseas, un pasaje notable acerca de la paternidad pasa inadvertido. Durante diez capítulos Dios expresa el celo y el enojo de un amante despechado, al comparar a Israel con una mujer que se casó con Él y que después se vendió a otros amantes. Pero en el capítulo 11, el tono se altera de manera dramática:

> *Desde que Israel era niño, yo lo amé;*
> *de Egipto llamé a mi hijo (...)*
> *Yo fui quien enseñó a caminar a Efraín;*
> *yo fui quien lo tomó de la mano.*
> *Pero él no quiso reconocer*
> *que era yo quien lo sanaba.*
> *Lo atraje con cuerdas de ternura,*
> *lo atraje con lazos de amor.*

Le quité de la cerviz el yugo,
y con ternura me acerqué para alimentarlo.

—vv. 1, 3-4

Una imagen salta en mi cabeza. Una niña pequeña que aprende a caminar. La madre está de rodillas y persuade a la hijita, quien tiene ambas manos extendidas y se balancea de forma peligrosa de un lado a otro. La cámara que registra ese momento se tambalea a diestra y siniestra con la emoción del papá. Ambos padres sonríen de oreja a oreja mientras miran el video una y otra vez. Como eso, como un padre chocho, Dios le enseñó a caminar a su pueblo. En este pasaje recuerda la alegría nostálgica de la paternidad. "*¿Cómo podría yo entregarte, Efraín?*", grita de repente en un cuchillazo de dolor. "*¿Cómo podría abandonarte, Israel?*" (v. 8). Su corazón ha cambiado dentro de Él; la compasión se ha despertado.

¿Cómo puede relacionarse este tierno interludio en el medio de una historia adulta de prostitución sórdida? Mezclar las dos imágenes, Israel como un niño, Israel como amante, no es convencional, por decir lo mínimo. Si un interlocutor humano mezclara aquellas dos imágenes, pensaríamos acerca del incesto. Pero Dios, al alcanzar cualquier analogía para expresar sus sentimientos profundos por su pueblo, se decide por las dos relaciones humanas más profundas: paternidad y matrimonio.

Mientras trato de resolver la mezcla extraordinaria de estas imágenes en Oseas, me decidí por la palabra dependencia, como la clave, la clave para lo que tenían en común y la clave para lo que los alejaba.

Para un niño, la dependencia define la relación. Una bebé depende de los padres para cada necesidad. Los padres desarrollan tareas desagradables: quedarse levantados toda la noche, limpiar vómitos, enseñar el uso del inodoro, porque sienten la dependencia de la niña y la aman. Sin algún padre la descuidara, la niña moriría.

Pero un padre tal no puede durar para siempre; un buen padre, de forma gradual, empuja suavemente al niño desde la dependencia hasta la independencia. Mis amigos le enseñaron a su hija a caminar, en vez de colocarla en un carruaje grande para toda la vida, a pesar de que sabían perfectamente bien que algún día podría apartarse de ellos. Tristemente, algunos padres fracasan en esta prueba. Conozco una madre que mantiene a su hijo de treinta y siete años en casa; le mete en el bolsillo el talón de sueldo al final de cada semana e insiste en que le pida permiso para salir. Cualquiera puede sentir la falta de salud. En la paternidad, la dependencia debería fluir hacia la libertad.

Los amantes invierten el flujo. Un amante posee libertad y, sin embargo, elige entregarla. "*Sométanse el uno al otro*", dice La Biblia. Una pareja puede decirte que esta es una descripción apta del proceso diario de llevarse bien. La romántica Elizabeth Barrett Browning escribió esto en un soneto justo antes de su matrimonio con Robert:

> Y como un soldado vencido rinde su espada
> a quien lo levanta de la tierra ensangrentada.
> Con todo, Amado, yo recuerdo al final,
> aquí termina mi lucha. Si me invitas adelante,
> me levanto sobre la humillación cuando pronuncies la palabra.
> Haz tu amor más largo para acrecentar mi valor.

En un matrimonio saludable, uno se somete al otro de manera voluntaria, por amor. En un matrimonio que no es saludable, la sumisión se convierte en parte de una lucha de poder, un tira y afloje entre los egos que compiten.

* * *

Dios se aflige en Oseas porque Israel ha desestabilizado el flujo de dependencia. En el desierto Dios había nutrido a Israel con el objetivo de llevarla a la adultez y a la libertad de la tierra prometida. Pero se había apoderado de la libertad y, como un niño rebelde, como Gomer, hizo alarde de ello al huir de Dios. Jamás aprendió el significado de matrimonio; jamás aprendió a darse de forma voluntaria, en amor, a Dios. Oseas registra la profunda tristeza de Dios, quien quería un amante pero solo encontró un niño.

Pienso que el modelo de dependencia pueden enseñarnos mucho acerca del diseño de Dios para la raza humana. Mientras leo Oseas y sus metáforas sobresalientes, tengo que examinar mi propia vida. ¿Prefiero la comodidad de una relación "infantil" con Dios? ¿Me aferro al legalismo como una forma de seguridad y una forma engañosa de hacer que Dios "me quiera más"?

¿Mi amor por Dios es condicional, como el de un niño? Si las cosas van mal, ¿quiero huir o gritar '¡Te odio!'? ¿O es más como un matrimonio de compañeros, el estilo de matrimonio anticuado, en salud y en enfermedad, para bien o para mal, hasta que la muerte nos separe (o, en este caso, hasta que la muerte nos una)?

La progresión en La Biblia , especialmente en Oseas, me enseña la clase de amor que Dios desea de mí: no el amor de un niño, pegajoso, desprotegido, sino el amor maduro, que una amante entrega libremente. A pesar de que ambos amores expresan una forma de dependencia, existe una diferencia vital entre los dos, la diferencia entre la paternidad y el matrimonio, entre la ley y el Espíritu.

"¡Hazlo otra vez!"

Una amiga, una mujer joven urbana y sofisticada, me paró el otro día con una noticia emocionante, emocionante para ella, al menos. Pasó diez minutos recreando para mí los primeros pasos de su sobrino de un año: *¡Podía caminar!* El niño se tambaleaba como un borracho y se aferraba de sillones y sillas para mantenerse parado, pero ¡podía caminar! Las piernas se doblaron en las rodillas, los pies salieron disparando y el cuerpo le trastabillaba en una dirección inequívocamente hacia adelante.

En el momento estaba atrapado en su relato pormenorizado. Pero más tarde, cuando reflejé nuestra conversación de regreso en los alrededores serios de mi oficina, me di cuenta de lo bizarro que hubiéramos sonado para un curioso. Con el mayor entusiasmo nos habíamos estado maravillando de una habilidad ya adquirida por todos, a excepción de unos pocos, de los diez miles de millones de humanos que han habitado este planeta. Entonces él podía caminar, todos pueden caminar. ¿Cuál era la gran cosa?

Me golpea el hecho de que la infancia provea un lujo extraño, una cualidad de *carácter especial* que casi se desvanece por el resto de la vida. El crecer es una lucha por atención incesante. Los adolescentes se quedan levantados hasta pasada la medianoche, atiborrados por pruebas, abusan del cuerpo en regímenes atléticos tortuosos, trabajan horas extras para poder pagar ropas de diseñadores, se acicalan durante horas frente a los espejos, todo por reconocimiento. La adultez institucionaliza la corrida loca por el logro. De forma desesperada queremos sobresalir, queremos que los demás nos vean. Mientras tanto, un niño solo necesita dar unos pasos entrecortados a lo largo de la alfombra del living, y los padres y los tíos exaltan el triunfo para todos los amigos. El centro de atención especial puede encenderse de nuevo cuando llega el momento del romance. Para un amante todo lunar es lindo, todo pasatiempo extraño es un signo de curiosidad viva, cualquier ruido se convierte una causa para el mimo desmedido. Una vez más, somos bendecidos con el *carácter especial*, por un tiempo, de todos modos, hasta que el tedio de la vida lo espante.

Lo que sucede durante la paternidad servil y el cortejo que deja embelesados, ofrece un contraste filoso para nuestro comportamiento normal. No nos subimos a un ómnibus y le exclamamos al conductor:

—¡No lo puedo creer! ¡Usted conduce este ómnibus grande todo el día, usted solo! Y, ¿jamás tuvo un accidente? ¡Eso es maravilloso!

No detenemos a una persona que está comprando en el pasillo del supermercado y emitimos:

—¡Estoy tan orgulloso de usted porque sabe qué marcas elegir! ¡Hay una gran variedad y, sin embargo, usted va derecho a las que quiere y las coloca en el carrito y lo empuja con tanta confianza! ¡Qué impresionante!

No obstante, ese espíritu, absurdo cuando se lo aplica a lo rutinario de la vida, es precisamente lo que mostramos hacia los niños y los amantes. Para ellos, nosotros "santificamos" lo común y mundano.

No propongo que nos hagamos los tontos cada vez que nos encontremos con un chofer de ómnibus o un comprador económico. Pero al pensar acerca del trato de los niños y los amantes comprendí mejor algunas metáforas bíblicas. Más que ninguna otra figura con palabras, Dios escoge a los "niños" y a los "amantes" para describir nuestra relación con Él.

El Antiguo Testamento abunda con imágenes de esposo-novia. Dios corteja a su pueblo y lo mima como un amante mima a su amada. Cuando lo ignoramos, se siente herido, despreciado, como un amante rechazado. El Nuevo Testamento con frecuencia utiliza el mismo simbolismo al retratar a la Iglesia como "la novia de Cristo". Otra metáfora, anuncia que somos hijos de Dios, con todos los derechos y privilegios de herederos dignos. Jesús (el "único Hijo engendrado" de Dios) vino, nos han dicho, para hacer posible nuestra adopción como hijos e hijas en la familia de Dios. Estudia estos pasajes y verás que Dios nos mira como podríamos mirar a nuestros propios hijos, a la persona que amamos.

La infinidad le da a Dios una capacidad que no tenemos: puede tratar a toda la creación con un carácter especial absoluto. G. K. Chesterton lo puso de esta forma:

> Un niño patea las piernas de manera rítmica a través del exceso, no de la ausencia de vida. Debido a que los niños tienen una vitalidad abundante, debido a que son aguerridos y libres en espíritu, quieren cosas que se repitan y que no cambien. Siempre dicen: "¡Hazlo otra vez!" La persona mayor lo hace otra vez hasta que está casi muerta. Porque los adultos no son lo suficientemente fuertes como para alegrarse mucho con la monotonía. Pero quizás Dios es lo suficientemente fuerte como para alegrarse mucho en ella. Es posible que Dios diga todas las mañanas: "Hazlo otra vez" al Sol; y todas las noches "Hazlo otra vez" a la Luna. Puede no ser la necesidad automática la que hace iguales a las margaritas; puede ser que Dios haga todas las margaritas de forma separada, pero jamás se ha cansado de hacerlas. Puede ser que Él tenga el apetito eterno de la niñez; porque hemos pecado y hemos crecido, y nuestro Padre es más joven que nosotros.

Mientras leo La Biblia, parece claro que Dios satisface su "apetito eterno" al amar seres humanos individuales. Imagino que ve cada paso que hago hacia adelante en mi "caminar" espiritual, con la avidez de un padre que mira a su hijo dar el primer paso. Y quizás, cuando se revelen los secretos del universo, aprenderemos un propósito subyacente de paternidad y amor romántico.

Puede ser que Dios nos haya garantizado estos tiempos de carácter especial para despertarnos a las meras posibilidades de amor infinito. De aquel amor, nuestras experiencias más íntimas aquí en la Tierra son solo destellos.

PENSAMIENTOS ACERCA DE JESÚS MIENTRAS ESTABA EN UN RESTAURANTE DESVENCIJADO

En una de las noches más frías y aburridas, me encontré a mí mismo parado dentro de un deteriorado restaurante, mientras esperaba una grúa. El motor del auto había muerto en el cruce de dos calles. Mientras entraba en el restaurante, temblando y perdiendo tiempo, no pude evitar pensar en la historia de Jesús que había leído antes.

Me había topado con uno de los evangelios apócrifos más extravagantes, el *evangelio de la niñez* de Jesucristo. Este documento de la iglesia primitiva, no aceptado por ninguna Iglesia como canónico, pretende revelar historias desconocidas de la niñez de Jesús, un período que, prácticamente, se pasó por alto en los Evangelios canónicos. Relata que el niño Jesús les daba forma a pájaros de arcilla y luego los escuchaba aletear, vivos. Lo muestran romper el hechizo de una bruja que había convertido a un hombre en una mula. Donde las gotas de sudor de Jesús golpeaban el suelo, árboles de bálsamo crecían; donde estaba sus pañales, el fuego no ardía. Llevaron un niño que agonizaba a la casa de María, que fue curado por el simple hecho de oler las prendas de Jesús.

El Evangelio apócrifo me hizo estar agradecido por la información sobria y contrastante de los escritores canónicos. En ellos, los milagros no son mágicos o caprichos, sino más bien actos de misericordia o signos que apuntan a la verdad espiritual subyacente. No obstante, una de las historias apócrifas de la niñez de Jesús se ha quedado conmigo. En parte pienso que tiene un cierto encanto, porque compara de forma tan cercana una visión de Jesús extendida en algunos círculos cristianos de la actualidad. Fue esta historia la que me vino a la mente mientras esperaba la grúa en el restaurante.

De acuerdo con el *evangelio de la niñez*, José, el padre de Jesús fue un carpintero mediocre. Él hacía lo mejor que podía para dar forma a cubetas de leche, rejas, cernidores y cajas en su taller, pero después llamaba a Jesús para el toque final. Así que Jesús estiraría la mano y de forma milagrosa la artesanía de José se expandiría o contraería a la forma correcta y se alisaría justo con el acabado perfecto. En un trabajo crucial, sigue la historia, José falló al medir de forma correcta. Talló y biseló durante meses un trono elaborado para el rey, solo para darse cuenta de que no encajaba en el espacio requerido. Enfurecido, el rey musitó amenazas en contra de José. Mientras las cosas se ponían tensas, el joven Jesús apareció y, de forma milagrosa, el trono enorme se alargó para llenar el espacio. Toda la decoración estaba en proporción perfecta cuando el trono se expandió.

¡Cómo deseo que Jesús obre de esa forma en la actualidad! No digo esto en forma de sacrilegio o broma. Como escritor independiente, usaría su ayuda de forma desesperada. Si saliera con la idea de un artículo y esbozará un escrito en borrador, entonces vendría Jesús y tacharía oraciones colgadas, adverbios aparatosos y diversidad de pensamientos.

Un verano trabajé durante seis semanas en artículos diseñados para presentar un mensaje cristiano a una audiencia secular. Trabajé sobre cada palabra. Corté, pulí y busqué el tono preciso que la revista requería. Pero, al igual que el trono de José, los artículos resultaron cortos. A diferencia de José, no experimenté ninguna intervención milagrosa, y todo mi esfuerzo se perdió.

Y ahora el auto estaba estancado en el medio de la calle y enviaba mensajes de ayuda con la señal de emergencia. Me perdería una reunión programada esa noche, y probablemente horas de trabajo los próximos días mientras trataba de retorcer mi artesanía honesta fuera de una estación de servicio instalada para alimentarse de motoqueros varados. ¿Qué bien posible podría venir de horas de estar regateando con un técnico que quería robarme? Un leve ajuste milagroso a una correa de distribución y estaría de vuelta en mi camino, con más dinero en el bolsillo para entregar a causas que valieran la pena.

Sé muy bien que elegir los adverbios apropiados y mantener un auto en funcionamiento son meras trivialidades, comparadas con las pruebas que muchos cristianos enfrentan todos los días. Pienso en aquellos que están encarcelados en el exterior debido a su fe, y en mi amigo con un hijo discapacitado mental. ¿Por qué Dios no los alcanza y lo arregla? El tema no es una creencia en milagros. Aunque por cierto Dios tiene el poder; ¿por qué no lo usa?

Una pregunta de tal magnitud apenas podría pertenecer al capítulo de un libro tan corto como este, a menos que toque una lección importante que deba dibujarse desde un evangelio apócrifo. Aquel evangelio, un favorito de los gnósticos del segundo siglo, fue rechazado de manera apropiada por la iglesia ortodoxa. Las historias de la niñez de Jesús expresan una herejía peligrosa: la creencia de que podemos escapar de este mundo material imperfecto, atado en tiempo y espacio, y alcanzar la vida en un plano más "espiritual", lejos de lo tedioso de la rutina.

El apóstol Pablo batalló contra el gnosticismo de forma valiente. Se aferró a la promesa de un mundo perfecto que algún día se nos concedería, del cual tenemos un anticipo en esta vida. Pero jamás negó las realidades tediosas, con frecuencia dolorosas, de esta vida. ¿Cómo podría hacerlo con los días tan llenos de naufragios, encarcelamiento, palizas y el dolor molesto de su misterioso "aguijón en la carne"? De hecho, Pablo retrata la vida cristiana como una especie de suspensión que incluye el triunfo de la victoria eterna, pero también el mordaz "no todavía" de nuestro estado actual.

Confieso que a veces deseo que no fuera así. Cuando trabajo sobre un artículo complejo, cuando trato de convencer a un auto rebelde que funcione o cuando enfrento momentos en los que anhelo algún modo de acelerar el "todavía no". Ansío al Mesías retratado en el evangelio apócrifo, uno que rondara a mi lado y arregle mis palabras, mis defectos físicos y todas las adversidades de la vida.

Pero cuando estudio los evangelios canónicos y las epístolas explicativas que siguen, puedo ver la sabiduría en el plan de Dios. Seguramente sería un milagro, seguro, que Jesús alargara los tronos, hiciera volar pájaros de arcilla y convirtiera las mulas en hombres. Pero es un milagro mucho más grande para Él llevar a la gentuza de los once que lo seguían, junto con un cazador de cristianos tirano llamado Saulo y transformarlos, con defectos y todo, en la fundación de su Reino.

Sería un milagro si todas mis palabras salieran perfectas y si el auto jamás se me volviera a romper. (Lograría mucho más por el Reino, me susurra una voz...). Pero que use el material en crudo de cualquier cosa que escribo, o que tú digas, o lo que nosotros —su Cuerpo—, logremos en esta Tierra, ¿no es un milagro mayor?

El espíritu de los
matrimonios arreglados

¿Has pensado alguna vez acerca de qué forma excesiva nuestro Producto Bruto Interno depende del amor romántico? Domina las artes: enciende cualquier estación de música pop y trata de encontrar una canción que *no* presente ese tema. En publicidad, las novelas románticas góticas venden más que cualquier otra clase de libros. Y ¿hay alguna novela o comedia televisiva que no tenga romance empañado tejido en el argumento? Industrias enteras existen para sacar provecho del amor romántico: la moda, las joyas y los comercios de cosméticos nos tientan a perfeccionar técnicas de atracción entre un hombre y una mujer. Frases como "atrapar a un hombre" y "cazar a una mujer" han venido a resumir un hecho de la vida en nuestra cultura y, damos por hecho, en todas las culturas. Esta es la forma que tiene la vida, pensamos.

En este punto yace un fenómeno admirable: aún en la actualidad, en nuestra aldea global internacional, más de la mitad de los matrimonios suceden entre un hombre y una mujer que jamás han sentido una punzada de amor romántico, y quizás ni siquiera reconozcan la sensación de que esta los golpea. Los adolescentes, en la mayoría de los lugares de África y Asia, dan por sentada la noción de matrimonios arreglados por los padres, de la misma forma en la que nosotros damos por sentado el amor romántico.

Una pareja india joven y moderna, Vijay y Martha, me explicaron cómo aconteció. Los padres de Vijay estudiaron a todas las jóvenes de su círculo social antes de decidirse por una, llamada Martha, para que su hijo se casara. Vijay tenía 15 años en ese momento y Martha acababa de cumplir 13. Los dos adolescentes se habían visto brevemente, solo una vez. Pero tan pronto como los padres de Vijay tomaron la decisión, se juntaron con los padres de ella y acordaron en la fecha de la boda que sería dentro de ocho años. Después de que se hubieron hecho todos los arreglos, los padres les informaron a ambos adolescentes con quién se casarían y cuándo.

Durante los ocho años siguientes, a Vijay y a Martha se les permitió intercambiar una carta por mes. Se vieron en dos, solo dos ocasiones como meros acompañantes antes del día de la boda. Y a pesar de que se mudaron juntos prácticamente como extraños, en la actualidad su matrimonio aparenta ser tan seguro y amoroso como cualquiera que yo haya conocido. De hecho, misioneros que viven en tales sociedades informan que como regla, los matrimonios acordados tiene más estabilidad y una tasa mucho menor de divorcio que los matrimonios que resultan del amor romántico.

En los Estados Unidos y otras culturas occidentales, las personas tienden a casarse porque les atraen las cualidades llamativas: una sonrisa fresca, gracia, una figura agradable, habilidad atlética, una disposición alegre, encanto. Con el paso del tiempo, estas cualidades pueden cambiar; los atributos físicos, en especial, se deteriorarán con la edad. Mientras tanto, pueden surgir sorpresas: poco mantenimiento de la casa, una tendencia hacia la depresión, desacuerdos con respecto al sexo. En contraste, las parejas de matrimonios arreglados no centran la relación en las atracciones mutuas. Al oír la decisión de tus padres, aceptas que vas a vivir por muchos años con alguien que apenas conoces. Así, la pregunta dominante pasa de ser:"¿Con quién debo casarme?", a "Dada esta pareja, ¿qué tipo de matrimonio podemos construir juntos?"

* * *

Dudo seriamente que el occidente abandone alguna vez la noción del amor romántico sin importar qué tan poco sirve como base para la estabilidad familiar. Pero en mis conversaciones con cristianos de culturas diferentes, he comenzado a ver de qué forma "el espíritu de los matrimonios arreglados" podría transformar las actitudes. Por ejemplo, quizás tengamos algo que aprender con respecto a nuestras expectativas prácticas de la vida cristiana.

Siempre he encontrado extraña la fijación teológica moderna con respecto al problema del sufrimiento. Las personas en nuestra sociedad viven más tiempo, con una salud mucho mejor, con menos dolor físico que ningún otro en la historia. Y, sin embargo, los artistas, dramaturgos, filósofos y teólogos tropiezan sobre ellos mismos en busca de nuevas formas de reformular las preguntas antiguas de Job. ¿Por qué Dios permite tanto sufrimiento? ¿Por qué no interviene? De manera significativa, los clamores no vienen del Tercer Mundo, donde abunda la miseria, o de personas tales como Solzhenitsyn que soportó gran sufrimiento. El grito de angustia viene, de forma primaria, de aquellos de nosotros que estamos en el occidente cómodo, narcisista. Al pensar en esta tendencia extraña, regreso otra vez al paralelo de los matrimonios convenidos. Se ha convertido para mí en una parábola sobre cuántas personas diferentes se relacionan con Dios.

Algunas personas se acercan a la fe de manera primaria como una solución para sus problemas, y eligen a Dios de forma muy parecida a la que uno elegiría un cónyuge: por ciertas cualidades deseables. Esperan que Dios les dé cosas buenas; diezman porque creen que el dinero les volverá multiplicado diez veces; después tratan de vivir bien porque piensan que Dios los prosperará. Estas personas interpretan la frase: "Jesús es la respuesta" en el sentido más literal, inclusivo. La respuesta para: ¿desempleo? ¿Un niño retrasado? ¿Un matrimonio quebrado? ¿Una pierna amputada? ¿Una cara fea? Cuentan con Dios para que intervenga para arreglar un trabajo para ellos, curar a un niño retardado, una pierna amputada, una cara fea y para emparchar su matrimonio.

Y, debemos seguir planteando el problema del sufrimiento, precisamente porque la vida no siempre se desarrolla de forma tan prolija. De hecho, en muchos países, convertirse al cristianismo garantiza el desempleo, el rechazo de la familia, el odio social e incluso la cárcel.

En su libro maravilloso, *The Mind of the Maker* [La mente del Hacedor] Dorothy Sayers sugiere otra forma de ver la participación de Dios con nosotros. En palabras que merecen mucha reflexión, dice: "El artista no ve la vida como un problema para resolver, sino como un medio para la creación". Nosotros somos como artistas a los que se les ha dado la tarea de construir las vidas a partir de un pedazo de materia prima. Algunos de nosotros somos feos, algunos, hermosos, algunos brillantes, algunos densos, algunos encantadores, algunos tímidos. Dios no promete resolver todos los "problemas" que tengamos, al menos no de la manera en la que quizás deseamos que se resuelvan. Más bien, nos llama para que confiemos en Él y para que permanezcamos fieles, ya sea que seamos estadounidenses acaudalados o cristianos sudaneses encerrados en prisión. Lo que más importa es lo que creamos desde la materia prima.

Desde esta perspectiva, necesitamos "el espíritu de los matrimonios concertados" en nuestra relación con Dios. Dios me hizo de la forma en la que soy: con mis características faciales distintivas, mis defectos y limitaciones, mi contextura corporal, mi capacidad mental. Puedo pasar la vida resintiendo esta cualidad, o aquella otra y pidiéndole a Dios que cambie mi "materia prima", o puedo aceptar de forma humilde mi ser, mis defectos y todo lo que soy, como la materia prima con la que Dios puede trabajar. Yo no entro con una lista de demandas que deben cumplirse antes de que tome mi voto. Como un esposo en un matrimonio arreglado, me comprometo con anterioridad con Él, independientemente de la forma en la que pueda obrar. Hay un riesgo. Estoy inseguro con respecto a lo que el futuro traerá.

Podrías decir que la fe significa tomar un voto "en los tiempos de paz y en los tiempos de adversidad, en la riqueza o en la pobreza, en la enfermedad y en la salud" para amar a Dios y aferrarnos a Él sin importar lo que suceda. Felizmente, el espíritu de matrimonio arreglado trabaja bilateralmente: yo me comprometo pero Dios también se compromete de antemano conmigo. La fe significa creer que ha tomado el mismo voto y Jesucristo ofrece la prueba. Dios no me acepta de forma condicional, sobre la base de mi rendimiento. Él mantiene el voto y allí adentro se encuentra gracia.

El trabajo y los acertijos
del sufrimiento

"A los que sufren, Dios los libra mediante el sufrimiento; en su aflicción, los consuela" (Job 36:15).

"¿Por qué a mí?" Casi todos hacen esa pregunta cuando el sufrimiento los golpea. Tanto en circunstancias grandes como en pequeñas, un terremoto en América del sur o el diagnóstico de una enfermedad, enfrentamos preguntas angustiantes acerca de por qué Dios permite el dolor.

Irónicamente, los cristianos que sufren, con frecuencia obtienen ayuda y alivio en el libro de Job. Digo "irónicamente" porque Job formula más preguntas que respuestas acerca del sufrimiento. La conclusión del libro, el cual caracteriza un aspecto personal dramático por parte del mismo Dios, parece perfectamente orquestada de antemano por un monólogo iluminado; pero Dios evita la pregunta por completo. Y varias teorías sobre el origen del sufrimiento, teorías que suenan bien para los amigos de Job, Dios las descarta con el ceño fruncido.

De este modo, el libro de Job, un relato impresionante de cosas muy malas que le suceden a un hombre muy bueno, no contiene una teoría compacta de la razón por la que las personas buenas sufren. No obstante, ofrece muchas perspicacias sobre "apoyarse en el hombro" con respecto al problema del dolor. Mi propio estudio me ha guiado a las conclusiones que siguen a continuación. Ellas no responden el problema del dolor (ni siquiera Dios lo intentó); pero estos principios arrojan luz sobre ciertos conceptos erróneos que se difunden en la actualidad, al igual que se difundieron en la época de Job.

1. Los capítulos uno y dos hacen la distinción sutil pero importante de que Dios no causó de forma directa los problemas de Job. Los permitió, pero en realidad Satanás actuó como el agente de causa.

2. En ningún lugar el libro de Job sugiere que Dios carece de poder o de bondad. Algunas personas (incluyendo al rabí Kushner en su libro más vendido *Cuando a la gente buena le pasa cosas malas*) aduce que un Dios débil es menos poderoso para prevenir el sufrimiento humano. Otros, de forma deísta, dan por hecho que Dios rige el mundo a una cierta distancia, sin involucrarse a nivel personal. Pero el libro de Job no pone en duda el poder de Dios, solo la justicia. En la suma total del discurso, Dios usa ilustraciones espléndidas de la naturaleza para demostrar ese poder.

3. Job refuta de forma decisiva una teoría: que el sufrimiento siempre viene como un resultado del pecado. La Biblia apoya el principio general de que *"un hombre siega lo que cosecha"*, incluso en la vida (ver Salmos 1:3; 37:25). Pero otras personas no tienen derecho a aplicar ese principio *general* a una persona en *particular*.

Los amigos de Job debatieron de manera persuasiva que Job merecía tal castigo catastrófico. Sin embargo, cuando Dios dio el veredicto final les dijo: *"a diferencia de mi siervo Job, lo que ustedes han dicho de mí no es verdad"* (Job 42:7). Más tarde, Jesús también hablaría en contra del concepto de que el sufrimiento implica de forma automática pecado (ver Juan 9:1-5 y Lucas 13:1-5). Sin tener una creencia formada sobre la vida después de la muerte, los amigos de Job asumieron de manera errónea que la justicia de Dios, la aprobación o desaprobación de las personas tenían que demostrarse solo en esta vida.

4. Dios no condenó la duda o la desesperación de Job, solo la

ignorancia. La frase "la paciencia de Job" apenas encaja en la corriente invectiva que se derramó de la boca de Job. Él no tomó su dolor de manera sumisa; gritaba en protesta a Dios. Sus fuertes comentarios escandalizaban a sus amigos (ver, por ejemplo, Job 15:1-6), pero no a Dios.

¿Necesitamos preocuparnos de algún modo por insultar a Dios debido a un exabrupto que viene del estrés o del dolor? No de acuerdo a este libro. En un toque de ironía suprema, Dios les ordenó a los amigos de Job que buscaran arrepentimiento de parte del mismo Job, el objeto de su condescendencia piadosa.

5. Nadie tiene todos las explicaciones sobre el sufrimiento. Job concluyó que él era justo pero que Dios no lo era. Sus amigos insistían en lo opuesto: Dios era justo y Job estaba recibiendo castigo de forma correcta. Finalmente, todos ellos supieron que habían visto la situación desde una perspectiva muy limitada, ciegos a la lucha verdadera que se libraba en el cielo.

6. Dios jamás permanece en silencio total. Eliú hizo este punto convincente, al recordarle a Job sueños, visiones y bendiciones pasadas, incluso las obras diarias de Dios en la naturaleza (Job 33). De forma similar, Dios apeló a la naturaleza como evidencia de su sabiduría y poder. A pesar de que Dios permaneció en silencio, algunas señales de Él aún pueden encontrarse. El autor Joseph Bayly expresó la misma verdad de esta forma: "Recuerda en la oscuridad lo que has aprendido en la luz".

7. El consejo bien intencionado a veces puede causar más daño que bien. El comportamiento de los amigos de Job da un ejemplo de cómo el orgullo y la sensación de bienestar pueden sofocar la compasión verdadera. Los amigos repetían frases piadosas y discutían acerca de teología con Job, e insistían en los conceptos obstinados acerca del sufrimiento (ideas que, de hecho, aún causan obsesión en la Iglesia). La repuesta de Job fue: "*¡Si tan sólo se callaran la boca! Eso, en ustedes, ¡ya sería sabiduría!*" (Job 13:4-5).

8. Dios volvió a enfocar el tema central de la *causa* del sufrimiento de Job en su *respuesta*. Misteriosamente, Dios jamás dio su propia explicación con respecto al problema del sufrimiento, ni tampoco le informó a Job acerca de la disputa registrada en los capítulos uno y dos.

El verdadero tema de discusión era en realidad la fe de Job: si confiaría en Dios incluso cuando todo le fuera mal.

9. El sufrimiento, en el plan de Dios, puede redimirse o usarse para un bien mayor. En el caso de Job, Dios usó un período doloroso de gran trabajo para obtener una victoria importante, incluso cósmica. Al mirar hacia atrás, pero solo hacia atrás, podemos ver la "ventaja" que obtuvo Job al confiar en Dios. A través del sufrimiento inmerecido, Job dio una "vislumbre" de Jesucristo, quien viviría una vida perfecta y, sin embargo, padecería el dolor y la muerte para obtener una victoria grande.

* * *

Miles de años después, las preguntas de Job no han desaparecido. Las personas que sufren aún toman prestadas las palabras de Job mientras le gritaba a Dios por su aparente falta de interés. Pero Job afirma que Dios no es sordo a nuestras súplicas, y que está en control de ese mundo sin importar lo que parezca. Dios no respondió todas las preguntas, pero su misma presencia hizo que las dudas de Job se desvanecieran.

Job aprendió que Dios se interesaba en él y que domina el mundo. Eso era suficiente.

LA ESCALERA DE DIFICULTADES

El pastor y teólogo alemán Hemlmut Thielicke una vez expresó que "Los cristianos estadounidenses tiene una teología inadecuada del sufrimiento". ¿Quién podría estar en desacuerdo? Es más, ¿cómo podríamos esperar que emergiera una teología de sufrimiento de una sociedad que ha sobrevivido casi dos siglos sin invasión extranjera, que resuelve todas las incomodidades meteorológicas con "control climático" y que prescribe una píldora para cada punzada de dolor?

Al menos parte de nuestra dificultad puede venir del modo en el que leemos La Biblia. He encontrado al menos cinco enfoques bíblicos del sufrimiento, y si nos centramos exclusivamente en uno de esos enfoques, no solo arriesgamos una teología inadecuada del sufrimiento, sino también herética. Yo los llamo "los cinco escalones de la difícil escalera".

Primer escalón: una persona que vive bien jamás debería sufrir. Obtenemos tales pensamientos del "evangelio de la prosperidad" casi como un reflejo. Un golfista tira al hoyo de casi diez metros de distancia pero en el borde no cae: "¡No debes vivir de modo correcto!" A un líder juvenil le diagnostican cáncer: "¿Cómo le podría pasar algo así a semejante santo?"

Admito que tales sentimientos aparecen en La Biblia, en especial en el libro de Proverbios, lo cual implica que el hecho de vivir debidamente obtendrá su recompensa en esta vida, y considera la promesa arrolladora del Salmo 1:3 de que al hombre justo, "todo lo que haga prosperará".

Tendrás que volver a Éxodo y a Deuteronomio para comprender la fuente de esta teología: el pacto de Dios con los israelitas. Dios les había garantizado prosperidad si el pueblo lo seguía fielmente; pero los israelitas quebraron los términos de aquel pacto. Otros libros bíblicos, en especial los profetas y los Salmos, registran los ajustes angustiosos de los judíos a las nuevas realidades. Por ejemplo, casi un tercio de los Salmos muestra a un autor "justo" que lucha con el fracaso de la teoría de la prosperidad. Pareciera ya no funcionar más.

Segundo escalón: las personas buenas atraviesan dificultades pero siempre obtendrán alivio. Muchos de los "salmos de dificultades" tienen un tono chillón de autodefensa. El autor parece creer que "si tan solo puedo convencer a Dios de mi rectitud, entonces Dios con seguridad me liberará. Debe haber algún error aquí".

He llegado a ver estos salmos "santurrones" como salmos de preparación. Ayudan a una nación entera a comprender que a veces las personas justas sí sufren y a veces no reciben liberación. En ese sentido, estos salmos son verdaderamente mesiánicos: preparan el camino para Jesús, un hombre perfecto que, como dice Hebreos, *"ofreció oraciones y súplicas con fuerte clamor y lágrimas al que podía salvarlo de la muerte"* (5:7). Pero Jesús no fue salvado de la muerte.

Hebreos 11 compila una lista de personas fieles a través de los siglos. Algunos recibieron liberación milagrosa: Isaac, José, Moisés, Rahab, Gedeón, David. Pero otros fueron torturados y encadenados, apedreados y cortados en dos. Este capítulo da detalles vívidos acerca del último grupo: ellos anduvieron con pieles de cordero y de cabra, fueron destituidos, vagaron en desiertos, en montañas y en pozos en el suelo. El autor concluye con un análisis contundente: *"Todos ellos vivieron por la fe, y murieron sin haber recibido las cosas prometidas"*.

Tercer escalón: "Dispone todas las cosas para el bien de quienes lo aman". Esa frase famosa de Romanos 8 se distorsiona con frecuencia. Algunas personas piensan que significa: "Solo cosas buenas le sucederán a aquellos que aman a Dios". Irónicamente, Pablo quería decir justo lo contrario. En el recordatorio del capítulo, define a qué tipo de "cosas" se refiere: problemas, dificultades, persecución, hambre, desnudez, peligro y espada. Pablo padeció todas estas cosas y al final sucumbió a ellas. Él no fue "liberado". Sin embargo, insiste, "en todo esto *somos más que vencedores*"; ninguna medida de dificultad puede separarnos del amor de Dios.

Pablo encontró una forma elegante de resolver las contradicciones que surgen de los dos primeros escalones de dificultades. A pesar de que los problemas aquejarán a aquellos que aman a Dios, pueden ver que la situación es temporaria. Un día, cuando finalmente la creación que "gime" se libere, toda dificultad se abolirá. Tenemos un problema de tiempo, dice Pablo. Solo espera: el milagro de Dios al transformar el viernes malo en el domingo de Pascua se alargará en una escala cósmica.

Cuarto escalón: las personas fieles pueden ser llamadas a sufrir. El libro de 1 Pedro explica este giro en la dificultad. Lejos del primer escalón, donde los justos esperan una inmunidad del sufrimiento, esta teología da por sentado la persecución. Aquellos creyentes que siguen "los pasos de Dios", al igual que Cristo, sufrirán injustamente. La historia confirma las palabras de Pablo. La mayoría de los apóstoles tuvieron muertes trágicas y la sangre derramada de tales mártires se convirtió en la semilla para el crecimiento de la Iglesia.

Quinto escalón: indiferencia santa. Pablo alcanzó el estado sublime que se describe en un pasaje como Filipenses 1. El apóstol apenas puede decidir si es mejor morir y estar con Cristo, o quedarse un tiempo y continuar con su ministerio. Sus valores parecen enredados. Claramente, ve como deseable la limitación en prisión, porque esa "dificultad" ha producido muchos resultados buenos. Riqueza, pobreza, comodidad, sufrimiento, aceptación, rechazo, incluso la muerte o la vida... ninguna de estas circunstancias le importan mucho. Solo una cosa le importa al final: el objetivo incomparable de exaltar a Dios, un objetivo que puede lograrse en cualquier conjunto de circunstancias.

* * *

Sé que a algunas personas les molesta enumerar una serie de "escalones" bíblicos sin una fórmula ordenada para resolverlas dentro de un esquema grandioso. A tales personas, simplemente les recomiendo que contemplen el primer escalón a la luz del quinto. Curiosamente, el estado avanzado de indiferencia santa hacia el dolor, pone a Pablo justo otra vez en el primer escalón porque él, una persona que vivió de forma justa no sufrió, no en el sentido permanente al menos. Y Dios podría usar todos los eventos de la vida de Pablo, ya sean dolorosos o placenteros, como una herramienta de progreso para su Reino.

He conocido a pocas personas que han logrado el estado elevado del quinto escalón, lo que podría confirmar el comentario de Helmut Thielicke acerca de Estados Unidos. ¿Cómo una nación tan particularmente bendecida puede esperar dominar en el campo de la fe? En cambio, debemos volvernos a los cristianos en El Salvador, en América del Sur o en Corea del Norte, en busca de una lección en la escuela graduada de sufrimiento. ¡Qué pena! Parece que dedicamos más tiempo y energía en debatir sobre las posibilidades del primer escalón, o al menos con deseos de esos "buenos días pasados" cuando Estados Unidos ganó todas las guerras y la economía remontó vuelo.

LOS FAVORITOS DE DIOS

El apóstol Juan escribió en el prólogo de su evangelio: *"A Dios nadie lo ha visto nunca; el Hijo unigénito, que es Dios y que vive en unión íntima con el Padre, nos lo ha dado a conocer"* (1:18). Otra oración, en la primera epístola, comienza exactamente de la misma manera, *"Nadie ha visto jamás a Dios"*, pero continúa con esta afirmación sorprendente: *"...pero si nos amamos los unos a los otros, Dios permanece entre nosotros, y entre nosotros su amor se ha manifestado plenamente"* (1 Juan 4:12). Traducciones más antiguas interpretan la frase, de manera precisa: *"su amor se ha perfeccionado en nosotros"*. Es una idea más bien asombrosa que Dios haya escogido personas comunes como el medio preferido para expresar su semejanza y su amor al mundo.

A pesar de que el mundo que Dios amaba jamás pudiera verlo, nuestro propio rostro podría cambiar las cosas.

He estado muy perturbado por el comentario de Dorothy Sayers acerca de las tres humillaciones más grandes de Dios. La primera humillación, dice ella, fue la encarnación, cuando Dios aceptó los límites de un cuerpo físico. La segunda fue la cruz, cuando sufrió el escarnio de muerte por ejecución pública, y la tercera humillación es la Iglesia.

Cuando leí el comentario por primera vez, imágenes históricas me vinieron a la mente: las Cruzadas, matanzas contra los judíos, las guerras de religión, esclavitud, el Ku Klux Klan. Todos estos movimientos reivindicaron la aprobación de Cristo (un barco de esclavos incluso navegó bajo el nombre "El buen barco Jesús"). Pero la humillación continuó en nuestro siglo en lugares como la antigua Yugoslavia, Sudáfrica, Líbano e Irlanda del Norte, donde algunos de los conflictos más miserables involucraron a cristianos. Más cerca de casa, solo necesito examinar mi propia vida para ver la magnitud a la cual Dios se humilla a sí mismo al morar entre gente común.

Tristemente, el mundo observador juzga a Dios mismo por la acciones de aquellos que realizan actos en su nombre. El poema de Charles Swinburne "*Before a Crucifix*" [Delante de un crucifijo], describe al "hombre que come bestias", que merodeaba alrededor del árbol de la fe y que le impedía creer:

> Los corazones duros se remontan y los recuerdos duelen,
> no podemos alabarte por causa de ellos.

Nietzsche dijo a secas:

—Sus discípulos van a tener que lucir más salvos si yo voy a creer en su Salvador.

La Iglesia es, de hecho, la humillación de Dios que hace que el mundo esté seguro de la hipocresía.

* * *

A pesar de que provocamos la humillación de Dios, también le producimos orgullo. Últimamente he notado unas pocas frases fascinantes que transmiten el sentido de orgullo de Dios, incluso el deleite, en personas que permanecen fieles a Él. Repasé aquellos pasajes en busca de características comunes a los "favoritos de Dios". Por ejemplo, el ángel Gabriel le dijo al profeta Daniel en su propio rostro que era de "*alta estima*" en los cielos. En un diálogo con Ezequiel (capítulo 14), Dios mismo confirmó el juicio y enumeró a Noé, Daniel y a Job como tres de sus favoritos. Esos tres forman un trío interesante: uno sobrevivió a una inundación, otro a un foso de leones y otro a un holocausto personal de sufrimiento.

De hecho, me di cuenta de que la mayoría de los favoritos de Dios experimentaron una prueba severa de fe. Allí estaba Abraham, llamado un "amigo de Dios", quien pasó la mayor parte de su vida esperando impacientemente que Dios guardara su promesa. La virgen María, "encontró el favor de Dios", pero, como Kierkegaard nos recuerda: "¿Se ha infringido a alguna mujer como a María y, no es verdad aquí también que al que Dios bendice lo maldice con la misma boca?" En *Temor y temblor*, Kierkegaard expone acerca de la ansiedad, angustia y paradoja que marcó la vida de María.

Por supuesto, La Biblia apunta a Jesús como Aquel de quien le provoca más orgullo a Dios. "*Este es mi hijo, a quien amo; con Él estoy complacido*", dijo una voz como de trueno desde el cielo. Él, el Siervo sufriente, seguramente encaja en el modelo; después de todo, fue Jesús quien encarnó las otras dos grandes humillaciones de Dios.

El mismo patrón de fe a prueba de fuego, emerge en Hebreos 11, un capítulo que muchos han etiquetado como "La galería de la fe". Allí el autor registra en detalle sombrío las pruebas que pueden sobrevenir sobre personas llenas de fe y concluye que "el mundo no era digno de ellas". Hebreos agrega esta evaluación intrigante a su impresionante ensamble: "*Por lo tanto, Dios no se avergonzó de ser llamado su Dios*". Para mí, esa frase da un giro contrario al comentario de Dorothy Sayers acerca de las humillaciones de Dios. La Iglesia le ha llevado vergüenza a Dios, pero también le ha dado momentos de orgullo, y los santos demacrados de Hebreos 11 muestran de qué forma.

Los santos se vuelven santos de alguna manera, al aferrarse a la convicción obstinada de que Dios merece nuestra confianza, incluso cuando el mundo luce como si se estuviera derrumbando. Los santos de Hebreos 11 pusieron su fe en un país mejor, uno celestial, y por esa razón Dios no se avergonzó de ser llamado su Dios. Paradójicamente, la fe se desarrolla mejor entre la incertidumbre y la confusión (si dudas eso, lee las historias de vida de las personas que se registran allí). Los favoritos de Dios, *en especial* los favoritos de Dios, no son inmunes a los tiempos de prueba. Como dijo Paul Tournier: "Cuando ya no hay más oportunidad para la duda, ya no hay más oportunidad alguna tampoco para la fe".

Cuando terminé el estudio acerca de los favoritos de Dios, un hecho sobresalió a todos los otros. Aquellas personas apenas se asemejaban a los santos saludables, prósperos, mimados que escucho que se describen en la televisión religiosa. El contraste era notable y me desconcertó por un tiempo. Quizás aquí está la diferencia: la televisión religiosa debe preocuparse en sí misma de agradar a una audiencia de miles, incluso millones. Los favoritos de Dios son singularmente devotos para agradar a una audiencia de solo Uno.

> El que se nos ordene que amemos a Dios sobre todo, cuando se nos deja solos en el desierto, es como si se nos pidiera que nos sintamos bien cuando estamos enfermos, que cantemos de alegría cuando nos estamos muriendo de sed, que corramos cuando tenemos las piernas rotas. Sin embargo, este es el primer y gran mandamiento. Incluso en el desierto, y en especial en el desierto, tendremos que amarlo.
>
> —FREDERICK BUECHNER

El secreto espiritual
del rey David

El autor Joseph Heller (*Trampa 22, Bueno como el oro*) una vez probó volver a contar la historia del rey David. El libro resultante, *Dios sabe*, se encontró con poco éxito y, un crítico de la revista *Time* sugirió el motivo: ninguna novelización podría mejorar el relato sazonado de la vida del rey David. La historia bíblica no omite ninguna de las partes desagradables, sino que presenta todas las mentiras y vanidades, las batallas infinitas, los actos de bravuconería, la locura fingida, los fracasos familiares, el adulterio y el asesinato.

El libro ligeramente irreverente de Heller acerca de David plantea una pregunta, aunque una pregunta inevitable que también acecha el registro bíblico. ¿Cómo podría una persona tan obviamente llena de defectos llegar a ser conocido como un "hombre conforme al corazón de Dios"? Durante un tiempo en Israel, Jehová fue llamado "el Dios de David", la identificación entre los dos era así de cercana. ¿Cuál era el secreto de David?

Completé un ejercicio de lectura que justo podría ofrecer una clave. Comparé, para usar una jerga actual, el viaje interno de David con el externo. El libro de los Salmos, en particular los setenta y tres libros que se le atribuyen a él, ofrece una ventana a su alma. Algunos de estos setenta y tres tienen comentarios introductorios que revelan las circunstancias reales en las que fueron escritos. Decidí leer desde el diario espiritual de salmos de David primero y después, desde la evidencia de ese registro "interno", para luego tratar de imaginar qué hechos "externos" impulsaron tales palabras. Después me volví al relato histórico en los libros de Samuel y comparé las invenciones con lo que en realidad había sucedido.

El Salmo 56 incluye las palabras famosas: "En Dios confiamos". Allí David le atribuye a Dios, de forma agradecida, el liberar su alma de la muerte y sus pies de tropezar. El solo hecho de leer el salmo, me da la impresión de que Dios hubiera intervenido de forma milagrosa y hubiera rescatado a David de alguna situación difícil. Pero, ¿qué es lo que sucedió en realidad? Cuando me volví a 1 Samuel 21, leí la historia de un prisionero atemorizado que babeaba y se arrojaba como un loco en un intento desesperado de salvar su propio cuello. No hubo ningún milagro, en lo que atañe a lo que pude ver, solo un renegado astuto con instintos de supervivencia fuertes.

Luego leí el Salmo 59: "*A ti, fortaleza mía, te cantaré salmos, pues tú, oh Dios, eres mi protector. ¡Tú eres el Dios que me ama!*" Una vez más pareció que Dios había intervenido para salvar la vida de David. Pero en 1 Samuel 19 leí una escena de persecución: David se escapaba por una ventana mientras su esposa se quitó de encima a los perseguidores al envolver una estatua en pelo de cabra que simulaba ser su esposo. Una vez más, el salmo de David le había dado a Dios todo el reconocimiento por lo que parecía ingenuidad humana.

El Salmo 57 presenta un tono nuevo, uno de debilidad y temblor. Muestra un clamor fugitivo por misericordia. Supongo que la fe de David desfallecía cuando escribió ese salmo. Pero cuando busco el relato histórico en 1 Samuel 24, encuentro uno de los despliegues más extraordinarios de valentía desafiante de toda la historia.

El Salmo 18 presenta un resumen de toda la carrera militar de David. Escrito cuando finalmente fue rey indiscutido, trae a memoria en detalle incandescente los muchos milagros de la liberación de Dios. Si lees solo ese salmo y no la historia que hay detrás, pensarías que David vivió una vida particularmente encantadora y resguardada. El salmo no cuenta nada sobre los años de fugitivo, las batallas que duraban toda la noche, las escenas de persecución y los astutos complots de escape que llenan las páginas de 1 y 2 Samuel.

De hecho, si lees los salmos que se le atribuyen a David, y después tratas de visualizar su vida, te sentirás un tanto miserable. Podrías imaginarte un ermitaño piadoso, alejado de este mundo, o un alma tímida, neurótica, favorecida por Dios, pero no un gigante de fuerza y valor. ¿Qué es lo que puede explicar la disparidad entre dos registros bíblicos, de los viajes internos y externos de David?

* * *

Todos experimentamos simultáneamente una vida interna y una externa. Percibimos la vida como una clase de película que consiste en personajes, escenarios y giros de argumento, con nosotros mismos como intérpretes de los roles principales. Si voy al mismo evento que tú, (digamos, una fiesta) me llevaré a casa hechos "externos" similares sobre lo que sucedió y de quién estaba allí, pero un punto de vista "interno" completamente diferente. Mi memoria reposará en la impresión que causé. ¿Fui gracioso o encantador? ¿Ofendí a alguien o me avergoncé a mí mismo? ¿Lucí bien para los demás? Lo más probable es que te hagas las mismas preguntas, pero acerca de ti.

David parecía ver la vida de una forma un poco diferente. Sus proezas (matar animales sin armas, hacer caer a Goliat, sobrevivir a los ataques de Saúl, derrotar a los filisteos), seguramente lo hizo obtener el papel principal. Pero mientras se reflejaba en aquellos hechos y escribía poemas acerca de ellas, encontró una forma de hacer a Yahweh, Dios de Israel, el centro del escenario. Cualquier cosa que signifique la frase "practicar la presencia de Dios", David lo experimentó. Ya sea que expresara esa presencia en poemas sublimes de alabanza o en una arenga terrenal, en ambos casos, intencionalmente, involucró a Dios en los detalles de su vida.

David tenía la confianza de que le importaba a Dios. Después de una salvada milagrosa escribió: "[Dios] *me libró porque se agradó de mí*" (Salmo 18:19). Otra vez discutió, en tantas palabras (Salmo 30): "*¿Qué ganas tú con que yo muera (...) ¿Acaso el polvo te alabará... ?*" Y cuando David se sintió traicionado por Dios, se lo hizo saber. Después de todo, fue él el primero en pronunciar las palabras: "*Dios mío, Dios mío, ¿por qué me has abandonado?*" (Salmo 22:1). David consideró a Dios, le exigió que perseverara hasta el final de su especial relación.

A lo largo de su vida, David creyó, realmente creyó que el mundo invisible de Dios, el cielo y los ángeles eran tan reales como su propio mundo de espadas, arpones, cuevas y tronos. Los salmos forman un registro de su esfuerzo consciente por sujetar su propia vida diaria a la realidad de ese mundo invisible más allá de él.

El Salmo 57 ilustra este proceso tan bien como cualquier otro. David lo compuso, dice el título, cuando había huido de Saúl a una cueva. En 1 Samuel 24 se sitúa la escena: Saúl con sus hordas bien armadas habían rodeado por completo a la banda pequeña de David. Anulado de todo escape, David se escondió en una cueva cercana a un corral de ovejas. El salmo expresa la ansiedad y el temor, por supuesto. Pero termina con un extraño imperativo triunfante: "*¡Tú, oh Dios, estás sobre los cielos; tu gloria cubre toda la tierra!*" De algún modo, en el proceso de escritura, David pudo levantar la mirada desde la cueva húmeda y apestosa hacia arriba, a los cielos. En el escenario menos propicio, llegó a afirmar, simplemente "Dios reina".

Quizás fue a la mañana siguiente cuando David se acercó y confrontó a todo el ejército del rey Saúl, sin armas pero con una solicitud de consciencia. Quizás el mismo proceso de escribir el salmo le había dado ánimo para tal despliegue de bravura de intrepidez moral.

Afortunadamente, pocos de nosotros vivimos en el límite del peligro mortal, como lo hizo David. Pero nosotros, al igual que él, tenemos momentos en los cuales los nervios nos traicionan, cuando el temor se infiltra, cuando parece que Dios se ha retraído o cuando las fuerzas hostiles nos han rodeado. En momentos como esos me vuelvo a los salmos. Tengo una sospecha furtiva de que David los escribió como una forma de terapia espiritual, una forma de "aferrarse" a la fe cuando su espíritu y emociones titubeaban. Y ahora, siglos después, podemos usar esas mismas oraciones como pasos de fe, un camino que nos lleva a una obsesión con nosotros mismos hacia la presencia real de nuestro Dios.

PARTE VI

OTRO MUNDO

¿Por qué la ciencia y la teología tienen tanta dificultad para llevarse bien?

¿Hay realmente un "mundo invisible" allá afuera? Si es así, ¿cuál es la diferencia que marca?

¿Por qué las personas muestran gran interés en las "experiencias cercanas a la muerte" pero ningún interés en el cielo?

¿Por qué las personas muestran gran interés en las "experiencias cercanas a la muerte" pero poco interés en las experiencias de la muerte?

¿Cuánto espacio en La Biblia se dedica a la crucifixión y cuánto a la resurrección? ¿La distribución no debería ser de otra forma?

Si la resurrección hubiera sucedido en una red de televisión, ¿creería el mundo entero ahora en Jesús? ¿Qué es lo que haría que todo el mundo creyera en Jesús?

¿Cómo debería lucir un cristiano? ¿Cómo debería oler un cristiano?

CUIDADO CON LOS
AGUJEROS NEGROS

La teología y la ciencia han tenido una relación débil desde Galileo y Copérnico. En algunos aspectos, el cristianismo jamás se ha recuperado desde la revolución cosmológica, la cual desplazó a la humanidad del centro del universo y nos desvió hacia un puesto de avanzada insignificante. Quizás debido a esta postura de refugiarse frente a la ciencia, pocos pensadores cristianos de la actualidad parecen tomar ventaja de los desarrollos asombrosos en la física moderna. A su modo, Einstein y Bohr lograron una revolución exactamente igual de trascendente que la de Copérnico, aunque causó escándalo en nuevas direcciones.

Para empezar, no solamente la humanidad, sino hombres y mujeres de forma individual a través de la física moderna, han recuperado su lugar como figuras centrales en la historia del universo.

Porque si la física moderna nos ha enseñado algo, es que el consciente individual es un componente esencial en, digamos, *todo*. En la física newtoniana, los individualistas no tiene un lugar especial en el universo, excepto como participantes ocasionales en el mundo ordenado de causa y efecto. Pero algunos científicos del siglo XX sostienen que la misma realidad de un acontecimiento depende de si un observador está presente.

Como dice Bernard D'Espagnat en *Scientific American* [Estadounidense de la ciencia]: "La doctrina de que el mundo está hecho de objetos cuya existencia es independiente de la conciencia humana, resulta estar en conflicto con la mecánica cuántica y con hechos establecidos mediante experimentos". En otras palabras, cuestiona incluso si *existe* algo aparte de la conciencia. Al menos, lo individual importa y el observador juega un rol esencial. Físicos más poéticos emiten proverbios tales como: "Si cortas una hoja de hierba haces temblar el universo".

La persona promedio pierde el equilibrio en el reino de *Alicia en el país de las maravillas* de la relatividad y de la física cuántica. Aprendemos que nuestra silla predilecta está formada de grandes espacios abiertos y unos pocos átomos impredecibles que giran; pero aún así lo tratamos como a un objeto sólido al sentarnos en él. Aprendemos que el tiempo varía dependiendo de la gravitación y del movimiento, y que un gemelo astronauta que se eleva vertiginosamente en el espacio puede volver treinta y seis años más joven que su hermano; sin embargo, aún confiamos en los relojes para llegar a tiempo a la oficina.

Todo este mundo confuso de la física moderna, con sus ecuaciones de la longitud de un pizarrón y sus términos extraños como agujeros de gusano, antimateria, espuma cuántica y agujeros negros parece mejor dejarlos solos. Con unas pocas excepciones aquí o allá, te puedes llevar bien dependiendo del viejo y confiable Newton.

Y aún los cristianos no deben huir de la física moderna de forma tan rápida. La mayoría de sus principales doctrinas acerca del tiempo y del espacio han sido verificadas por científicos emprendedores que reflejan los rayos láser, fotografían estrellas durante eclipses solares y hacen volar relojes atómicos alrededor del mundo en aviones de tamaño colosal. No podemos simplemente ignorar los resultados de estos experimentos. De hecho, los descubrimientos asombrosos que se difunden con admiración infantil ofrecen nuevos términos para entender algunas doctrinas teológicas elusivas.

Considera esta doctrina: la eternidad de Dios. Durante miles de años los cristianos han citado proverbios tales como: "Mil años es como un día en la presencia de Dios", para expresar su creencia de que Dios, de alguna forma, ve de modo diferente. Decimos que Él está *fuera* del tiempo y del espacio. Vemos la historia humana como una serie de secuencias de cuadros estáticos, uno por uno, como en una película cinematográfica; pero Dios ve toda la película de una vez, en un destello. A pesar de que los cristinos citan esta creencia y casi todos los teólogos desde Agustín lo han discutido, ¿quién podría comprenderlo?

Adentrémonos en la física moderna. Se nos dice que el tiempo depende del movimiento y de la posición relativa del observador. Tomemos un ejemplo primitivo. Cuando miro al cielo a las 15:12 puedo ver una estrella brillante, el Sol, que cuelga en el espacio a unos ciento cincuenta millones de kilómetros de distancia. La luz, en realidad dejó a esa estrella hace quinientos segundos y viajó a una velocidad de casi trescientos kilómetros por segundo para alcanzarme. Como observador de la Tierra, miro al cielo a las 15:12, a pesar de que vagamente me doy cuenta de que veo los resultados astrales de lo que sucedió a las 15:04 en el tiempo de la Tierra. Si el Sol se desvaneciera de forma repentina, no lo sabría durante ocho minutos. Luego el cielo se oscurecería y yo gritaría: "¡El Sol se ha ido!" Y me prepararía para la extinción.

Imagina ahora a una persona muy grande, quiero decir muy *grande*, alguien cuya pierna abarque al menos, digamos, ciento cincuenta millones de kilómetros. Esta persona está parada en nuestro sistema solar con el pie izquierdo colocado de manera firme en la Tierra y el pie derecho (envuelto en amianto) apoyada en el Sol. De repente, la persona estampa el pie derecho. De inmediato las llamas solares salen disparadas en todas las direcciones y el Sol emite gases. Ocho minutos después yo, en la Tierra, notaré el cambio drástico en el Sol.

Pero estoy atrapado en la Tierra. La persona muy grande existe de forma parcial en la Tierra y de manera parcial en el Sol, su conciencia abarca a los dos. A pesar de que está parado de forma parcial en la Tierra, tiene el conocimiento de dar un pisotón con el pie derecho ocho minutos antes de que cualquier otro en la Tierra. Una pregunta: ¿qué hora es para la persona grande? Depende de la perspectiva. Toma un salto mental más allá e imagina un Ser tan grande como el universo. Existe de forma simultánea en la Tierra y en una estrella de la galaxia Andrómeda a miles de millones de distancia. Si explota una estrella en esa galaxia, este Ser toma nota de esto inmediatamente; no obstante, también lo "verá" desde el punto de vista de un observador en la Tierra millones de años después *como si recién hubiera sucedido.*

La analogía es inexacta, porque atrapa a un Ser tal en el espacio incluso mientras lo libera del tiempo. Pero puede ilustrar de qué forma nuestro concepto de tiempo "primero sucede A, después sucede B", expresa la perspectiva muy limitada de nuestro planeta. Dios, tanto fuera del tiempo como del espacio, puede ver lo que sucede en la Tierra de un modo en el que solo podemos adivinar. Tal pensamiento arroja nueva luz en los debates antiguos con respecto a la omniscien-cia, la presciencia, el libre albedrío y el determinismo. Una palabra como "presciencia" tiene sentido solo cuando se la considera desde el punto de vista terrestre. Supone que el tiempo procede de forma se-cuencial, cuadro por cuadro. Desde el punto de vista de Dios (abarcar todo el universo de una vez), la palabra tiene un significado considera-blemente diferente. Estrictamente hablando, Dios no "prevé" el hacer cosas. Simplemente nos *ve* haciéndolas, en un presente eterno.

La eternidad es solo una de las muchas doctrinas iluminadas por la física contemporánea. Teólogos incipientes harían bien en estudiar la teoría de universos paralelos mientras investigan el problema del mal, la teoría de la interconexión de toda la materia y energía mien-tras exploran las palabras de La Biblia en la unión de los creyentes, la teoría de cómo la conciencia afecta la materia mientras contempla el poder de la oración. La mayoría de nosotros necesitaremos guías científicos calificados para comprender esa esotérica. Los budistas zen se han actualizado y han publicado volúmenes enteros acerca de cómo sus propias creencias se equiparan con modelos contemporáneos del universo. Espero que no quedemos demasiado rezagados. La fe religio-sa, al igual que la materia, se encuentra en constante peligro de que los agujeros negros la traguen.

LA MATEMÁTICA DEL
NACIDO DE NUEVO

No sé de qué forma expresar esto de manera delicada, por eso solo me arriesgaré y lo diré sin muchas vueltas: estoy un poco preocupado acerca de la aptitud matemática que se muestra en La Biblia. Frederick Buechner va tan lejos como para llamarlo "atroz". Sé que ese tipo de oración hace que algunas personas se asusten, pero mientras más observo, más comprendo lo que significa. Considera la evidencia por ti mismo, un ejemplo de cada evangelio, solo para ser matemáticamente preciso.

Mateo 20. Este capítulo comienza con una parábola que he escuchado pocas veces predicada en sermones, por una buena razón. Contradice todas las leyes de justicia, motivación humana y compensación justa. Brevemente, Jesús cuenta acerca de un granjero que contrata personas para que trabajen en sus campos. Algunos registraron el horario de entrada al amanecer, algunos a media mañana, otros al mediodía, algunos en la pausa de la tarde y algunos una hora antes de terminar. Todos parecían agradecidos con el empleo, hasta la hora de pago ¡cuando los vigorosos que trabajaron todo el día bajo el Sol abrasador supieron que los descansados advenedizos que se dedicaron apenas una hora obtuvieron la misma paga!

Me doy cuenta de que Jesús contó esta parábola como una lección no para el beneficio de los empleados, sino como la actitud de Dios hacia nosotros. Pero la matemática parece muy extraña en el reino espiritual. Los recién llegados en esta parábola me recuerdan al ladrón en la cruz: un bueno para nada que apenas se mete a último momento y, sin embargo, aparentemente, obtiene la misma recompensa que alguien que ha vivido toda una vida de devoción y piedad. Las historias de perdón de último momento tienen una cierta cualidad atractiva, para estar seguros, pero tales historias apenas motivarán a las personas a que vivan buenas vidas cristianas. ¿Cómo te sentirías si te criaran en una familia derecha, asistieras a escuelas cristianas, maduraras y establecieras un hogar ejemplar en la comunidad, solo para encontrar que alguno que recién llegó con una confesión en el lecho de muerte te gana de mano en el día del juicio?

Marcos 12. Aquí Jesús se ocupa de la economía no en forma de parábola, sino en comentario directo en un acto que el "servicio de recaudación interna" ahora llama "contribución caritativa". Una viuda deja caer dos monedas en el ofrendero, un monto que vale una mera fracción de centavo. Jesús, que acababa de observar a los ricos contribuir con sumas grandes para la causa de caridad, sale con esta declaración: "*Les aseguro que esta viuda pobre ha echado en el tesoro más que todos los demás*" (Mateo 12:43). ¡Espero que lo haya dicho de forma suave! Admirar los motivos de una viuda es una cosa, ¡pero seguir con una afirmación matemática desconcertante y potencialmente ofensiva como esa, es otra completamente distinta!

Quizás podemos disculpar los comentarios de Jesús sobre la base de que ciertas reglas importantes de recaudación de fondos no se han descubierto aún. Por cierto le llevó tiempo a la iglesia del Nuevo Testamento el separarse de la práctica legalista de diezmar, ajustarse a las ofrendas de libre albedrío y a sus requerimientos diplomáticos (Santiago 2, por ejemplo, muestra de forma chocante que se hace caso omiso a los principios de recaudación de fondos). Y ahora en nuestro tiempo hemos visto tales innovaciones avanzadas como cartas personalizadas, encuadernaciones de piel, clubes de contribuyentes de "círculo íntimo" y banquetes de recaudación de fondos (donde la viuda sin duda se sentiría fuera de lugar). El sentimentalismo para la fidelidad de una viuda ciertamente no debería interferir con "la relación construida" y con el "mantenimiento de donantes" de contribuyentes más sustanciales, lo que sería de hecho mala matemática.

Lucas 15. Todos conocemos esta historia del buen pastor que dejó su rebaño de noventa y nueve, y se adentró en la oscuridad para buscar una oveja perdida. Una homilía agradable, pero reflejada por un momento en la matemática subyacente. Jesús dijo que el pastor dejó las noventa y nueve ovejas "en el campo", lo cual, probablemente, significa vulnerable a ladrones de ganado, lobos o un deseo animal de salir hacia la libertad por algún camino. ¿Cómo se sentiría el pastor si regresara con el cordero perdido cargado sobre los hombros y encontrara que otras veinticuatro estaban perdidas ahora?

Afortunadamente, la ciencia del crecimiento de la Iglesia ahora nos instruye a invertir recursos en aquellas actividades que benefician al mayor número de personas. Debido a que los grupos homogéneos trabajan mucho mejor, el buscar a desviados sociales lleva a una mala gestión. Obviamente, la oveja que dejó el rebaño porque no encajaba, o quizás quería disfrutar de sus propia libertad, es apenas una razón para poner en peligro a todo el rebaño.

Juan 12. Una de las mejores amigas de Jesús, María (quien ya había demostrado patrones dudosos de eficiencia del tiempo) se gana un lugar en la historia por la falta de astucia en la economía. Toma medio litro, *¡medio litro! ¡el salario de un año!* de perfume y lo derrama sobre los pies de Jesús. El solo hecho de pensar en este acto extravangante me eleva la presión arterial. ¿No podrían treinta mililitros lograr el mismo propósito? ¿Jesús realmente quería perfume derramado sobre sus pies? E incluso Judas, a pesar de las motivaciones mezcladas, puede ver el desperdicio puro del acto: piensa en todas las personas pobres a las que podría haberse ayudado mediante el tesoro que ahora corre como arroyuelo a lo largo del piso sucio.

La visión del Nuevo Testamento con respecto a la matemática me recuerda una parábola de Kierkegaard (otro matemático cuestionable). Cuenta acerca de un vándalo que irrumpe una tienda de departamentos por la noche y no roba nada, sino, en cambio, reacomoda los precios de las etiquetas. Al día siguiente los dueños de la tienda, sin mencionar a los clientes encantados, encuentran tales rarezas como collares de diamantes en liquidación por un dólar y aros de fantasía que cuestan miles.

El evangelio es como aquellos, dice Kierkgaard: cambia alrededor todas las conjeturas normales acerca del valor y del precio.

¿QUÉ LE SUCEDIÓ AL CIELO?

Un hecho extraño acerca de la vida estadounidense moderna es que a pesar de que el setenta y uno por ciento de nosotros decimos creer en la vida después de la muerte, nadie habla mucho cerca de esto.

Una vez miré hacia arriba y vi "cielo" en una de las bibliotecas universitarias más grandes de Chicago. Allí encontré que los cuatro volúmenes anteriores de Reader's Guide to Periodical Literature [Guía para el lector de literatura periódica] registraba un total de cero artículos acerca del tema. Encontré muchos artículos concernientes a la edad avanzada, muchos acerca de la muerte, algunas experiencias fuera del cuerpo, pero ninguna acerca del cielo.

Por cierto, pensé que esta escasez simplemente refleja la influencia de la cultura secular. Pero incluso cuando miré en el *Religion Index One: Periodicals* [Primer índice de religión: publicación periódica] solo pude encontrar un puñado de artículos acerca del cielo; tres, por ejemplo, durante los años 1981-1982, y uno de ellos estaba en francés. Para mí eso parece realmente extraño. A pesar de que los porcentajes no se aplican a la eternidad, supongamos para beneficio del argumento que el noventa y nueve por ciento de nuestra existencia tendrá lugar en el cielo. ¿No es bizarro que simplemente ignoremos el cielo y actuemos como si no importara? Muchos libros aceptables han emergido en los años recientes en contra de esta tendencia, pero apenas llenan el vacío.

Tan reciente como el siglo XIX, los editores produjeron en abundancia antologías serias de doscientas páginas de fantasías poéticas y en prosa sobre el cielo. En la actualidad obtenemos la mayoría de las imágenes del cielo de los dibujos animados, de las bromas acerca de san Pedro y de los caminos de oro. ¿Qué sucedió?

Karl Menninger planteó una pregunta teológica pertinente con su libro *Whatever Become of Sin?* [¿Qué habrá sido del pecado?] Bueno, la pérdida de importancia del cielo me provoca al menos un interés igual. ¿Por qué simplemente desapareció de la conciencia moderna? Después de pensar un poco acerca del tema, se me han ocurrido tres sugerencias que pueden ayudar a explicar el misterio.

1. La opulencia nos ha traído en esta vida lo que las generaciones anteriores solo podían anticipar del cielo. En los países desarrollados, una mayoría de ciudadanos tiene ahora abundancia de alimento, alivio para el dolor y están rodeados de belleza y lujo. La promesa bíblica de un estado tal ha perdido algo de su brillo.

Incluso aquellos que carecen de dicha comodidad enfocan las energías casi de forma exclusiva en poner esto en su vida. Karl Marx apodó a la religión "el opio de los pueblos" porque dejaba colgada una promesa de "pastel en el cielo" delante de las clases más bajas, y así aliviaba el deseo de satisfacción material en este momento[1]. La crítica de Marx suena curiosa en la actualidad. ¿Quién promete ya un pastel en el cielo? En cambio, las organizaciones religiosas tales como el Concilio Mundial de Iglesias y las agencias de ayuda evangélicas, nos animan a redistribuir la torta aquí en la Tierra.

---

1. A veces, me he preguntado cómo Marx, un judío, encuadró esta teoría con el conocimiento que tenía del Antiguo Testamento. Dios relevó verdades grandes y elaboradas acerca de la naturaleza de una sociedad justa, yendo tan lejos como para conquistar una nación para que incorpore aquellos principios. Sin embargo, el Antiguo Testamento da pocos destellos de una vida después de la muerte. Casi parece como si Dios esperó a lo largo de unos miles de años de la historia humana sin explicar las recompensas eternas para anticiparse a las distorsiones humanas como un enfoque a la justicia de "pastel en el cielo".

2. Un paganismo que avanza a rastras nos invita a aceptar la muerte como la culminación de la vida en la Tierra, no como una transición violenta de una vida existente. Elizabeth Kübler-Ross (quien resulta creer en la vida después de la muerte) definió cinco etapas de muerte, con la sugerencia implícita de que la etapa de "aceptación" es la más saludable y apropiada. He observado en los grupos de terapia de los hospitales cómo los pacientes agonizantes trabajan de forma desesperada hacia aquel estado de aceptación tranquila. Por consiguiente, dominan el instinto y la conciencia para así rechazar la muerte como un enemigo. De manera extraña, nadie habló jamás acerca del cielo en aquellos grupos; parecía vergonzante, cobarde de alguna forma. ¿Qué inversión de valores nos ha llevado a aclamar una creencia en aniquilación de forma tan valiente y desechar una esperanza para una eternidad de gran felicidad, como algo cobarde?

3. Las imágenes más viejas del cielo que aparecen en La Biblia han perdido su encanto. Murallas de esmeraldas, zafiros y jaspe, calles de oro y puertas de perlas pueden haber inspirado a los campesinos de Oriente Medio, pero no significan mucho para el mundo de Bauhaus. Los líderes religiosos y los artistas han fallado al salir con imágenes nuevas que sean satisfactorias. ¿Cómo será el cielo? Un lugar donde "todo lo que alguien tenga que hacer sea ir de un sitio a otro todo el día con un arpa y cantar, por siempre y siempre"... suena tan poco atractivo para la mayoría de nosotros como lo fue para Huck Finn. Me parece que los comunicadores cristianos tenemos una responsabilidad clara de proyectar una nueva comprensión del cielo en la conciencia moderna. Si fallamos, perdemos el derecho a uno de los aspectos más grandes de la fe.

Para las personas que se encuentran atrapadas en el dolor, en hogares quebrados, en caos económico, en odio y temor, en violencia, el cielo les ofrece la promesa de un tiempo, lejos en el tiempo y más sustancial que este tiempo en la Tierra, de salud, de integridad, de placer y de paz. Si no creemos eso, entonces, como Pablo lo citó en 1 Corintios 15, no hay mucha razón por la cual ser un cristiano en primer lugar. Y si creemos, esto debe cambiar nuestra vida. Lo digo porque he visto los resultados emocionantes que pueden suceder cuando la idea del cielo cobra vida.

Mi esposa Janet trabajó una vez con personas de la tercera edad en un proyecto de vivienda en Chicago, considerada la comunidad más pobre en los Estados Unidos. Casi la mayoría de sus clientes eran blancos, la mitad afroamericanos. Todos ellos habían atravesado momentos difíciles: dos guerras mundiales, la Gran Depresión y agitaciones sociales. Y todos ellos, durante al década de los setenta y los ochenta, vivieron conscientes de la muerte. No obstante, Janet notó una diferencia considerable en la forma en la que los blancos y los afroamericanos enfrentaban la muerte. Había excepciones, por supuesto, pero la tendencia era esta: muchos de los blancos se volvieron mucho más temerosos y tensos. Se quejaban de la vida, de la familia y de la salud que se les deterioraba. En contraste, los afroamericanos mantenían buen humor y un espíritu triunfante a pesar de que la mayoría tenía más razones aparentes para la amargura y la desesperación. (La mayoría vivió en el sur justo una generación después de la esclavitud y sufrió toda una vida de opresión económica e injusticia. Eran de la tercera edad antes de que se aprobara el proyecto de ley de los Derechos Civiles).

¿Qué es lo que provocó tal diferencia en los puntos de vista? Janet concluyó en que la respuesta es la esperanza, una que se traza de forma directa sobre la base de la creencia en el cielo de los afroamericanos. "Este mundo no es mi hogar, solo es un paso", cantaban. Estas palabras y otras como: "Mécete lento, dulce carruaje, que vienes para llevarme a casa", surgieron de un período trágico de la historia, cuando todo en este mundo lucía frío y sombrío. Pero de alguna manera las iglesias afroamericanas se las arreglaron para inspirar una creencia vívida en un hogar más allá de este. Si quieres oír imágenes del cielo más nuevas y más relevantes, asiste a un funeral afroamericano. Con una elocuencia característica, los predicadores pintan descripciones gráficas de una vida tan serena y sensual que todos en la congregación comienzan a impacientarse por ir allí. Naturalmente, los dolientes sienten aflicción pero de forma apropiada: como una interrupción, un contratiempo pasajero en una batalla cuyo final ya se ha determinado.

De alguna forma, estos santos abandonados han aprendido a anticiparse y a disfrutar de Dios en vez de las dificultades de su vida en la Tierra. Cuando lleguemos al cielo, muchos de nosotros nos sorprenderemos al aprender lo que significa disfrutar a Dios. Para otros, tales como estos afroamericanos mayores en los barrios bajos de Chicago, la alegría parecerá más como una bienvenida esperada durante mucho tiempo que una visita a un lugar nuevo.

Quién sabe... quizás se ahorren una transición embarazosa de algunos cientos de años.

IMAGINA QUE NO HAY CIELO

Los antropólogos informan, con algún desconcierto tímido, que cada sociedad humana descubrió hasta el momento que existe una creencia en la vida después de la muerte. Los especialistas en religión, en especial aquellos que tienen el nombre que te traba la lengua al pronunciarlo (fenomenólogos) se valen de este hecho. Ven en una persistencia obstinada una creencia de "rumor de trascendencia", un vestigio de nuestras naturalezas inmortales.

El leer acerca de la creencia cercana al universo en una vida después de la muerte, me dejó pensando en una dirección completamente diferente. Comencé a preguntarme cómo podría lucir una sociedad si no creyera en la vida después de la muerte. ¿De qué forma la negativa de inmortalidad afectaría la vida diaria? Dejo correr la imaginación y surgen las siguientes conclusiones. Por el bien de una etiqueta conveniente (y con disculpas a Samuel Butler, autor de *Erehwon*), llamaré a mi sociedad mítica Acirema.

1. Los aciremamos valoran la juventud sobre todo lo demás. Ya que para ellos no existe nada más allá de la vida en la Tierra, la juventud representa esperanza. No tienen ningún otro futuro hacia el cual mirar. Como resultado, cualquier cosa que preserve la ilusión de

la juventud, florece. El deporte es la obsesión nacional. Las portadas de las revistas presentan rostros sin arrugas y cuerpos espléndidos. Los libros mejor vendidos y las cintas de video presentan a mujeres de 40 años, atractivas, que hacen ejercicios y predican que, si los sigue al pie de la letra, te harán lucir diez años menor.

2. Naturalmente, los aciremanos no valoran la edad madura, porque las personas mayores ofrecen un recordatorio desagradable del final de la vida. A diferencia de la gente joven, jamás pueden representar esperanza. Así, la industria de la salud de Acirema promueve cremas para la piel, cura para la calvicie, cirugía cosmética y muchos otros medios elaborados para ocultar los efectos del envejecimiento, el preludio de la muerte. Especialmente en las partes oscuras de Acirema, los ciudadanos incluso confinan a los mayores sus propias viviendas, los aislan de la población general.

3. Acirema enfatiza la "imagen" en vez de la "sustancia". Prácticas tales como dietas, ejercicio y físico culturismo, por ejemplo, han logrado el estado de ritos de adoración pagana. De manera visible, un cuerpo bien formado demuestra el logro en este mundo, mientras que las cualidades nebulosas internas como la compasión, la abnegación y la humildad merecen poca alabanza. Como un efecto colateral desafortunado, una persona discapacitada o desfigurada, independientemente del carácter personal, tiene gran dificultad para competir en Acirema.

4. La religión de Acirema se enfoca exclusivamente en la forma en la que le va a un individuo aquí y ahora, porque no hay sistema de recompensa después de la muerte. Aquellos aciremanos que aún creen un una deidad, buscan la aprobación de Dios en términos de buena salud y prosperidad en la Tierra. Cierta vez, los sacerdotes aciremanos buscaron lo que llamaban "evangelismo", pero ahora dedican la mayor parte de su energía en mejorar el bienestar de los ciudadanos semejantes.

5. Recientemente el crimen ha dado un giro hacia lo grotescamente violento y bizarro. En otras sociedades primitivas, los ciudadanos crecen con un temor vago de juicio eterno que cuelga sobre ellos, pero

los aciremanos no tienen impedimentos tales hacia personas de conducta desviada.

6. Los aciremanos gastan miles de millones de dólares en mantener los cuerpos rejuvenecidos en sistemas de soporte de vida, mientras que al mismo tiempo permiten, incluso animan el aborto de los fetos. Esto no parece ser paradójico, porque los aciremanos creen que la vida humana comienza con el nacimiento y termina con la muerte.

7. Hasta hace poco tiempo, los psicólogos aciremanos debían tratar con las reacciones atávicas de temor e ira de los pacientes frente a la muerte. Pero, las nuevas técnicas han demostrado cumplir, ya que vencen tales instintos primitivos. En la actualidad se les enseña a los aciremanos a ver la "aceptación" como la respuesta más madura al estado perfectamente natural de la muerte. Los eruditos han devaluado de forma exitosa las actitudes antiguas acerca de morir de una manera "noble". Para los aciremanos, la muerte ideal es una partida pacífica durante el sueño.

8. Los científicos aciremanos aún trabajan para eliminar el problema de la muerte. Mientras tanto, la mayoría de las muertes tienen lugar en presencia de profesionales entrenados, en un área acordonada. Para reducir el impacto, eufemismos tales como "deceso" y "fallecimiento" se sustituyen por la palabra poco elegante "muerte". Y todas las ceremonias que acompañan la muerte subestiman la discontinuidad de la vida. Los cadáveres se preservan químicamente y se guardan en receptáculos al vacío, herméticamente cerrados.

* * *

El solo hecho de pensar en una sociedad tal me pone la piel de gallina. Seguro que estoy contento de vivir en la buena y antigua Estados Unidos donde, como asegura George Gallup, la gran mayoría de la población cree un una vida después de la muerte.

DOMINGO POR LA
TARDE EN LA PLAYA

Los guardavidas en botes de madera reman perezosamente en el lugar; lo suficiente como para ir en dirección opuesta a las oleadas suaves del lago Michigan. Un avión sobrevuela en círculos, dejando el rastro de una serpentina de promoción de un concesionario de vehículos. Los veleros quiebran el azul lindante del horizonte con triángulos blancos diminutos.

En la playa misma, la vida étnica de Chicago se extiende para que todos vean. Cuatro cuadras hacia el norte, el idioma inglés se habla como segunda lengua, si es que se lo habla. El dominio latino es palpable. Cuatro cuadras hacia el sur se encuentra la playa Oak Street, donde "yuppies" liberan la ropa que han diseñado vestidos con trajes de baño. Pero entre medio, en la avenida Norte, el crisol se cuece a fuego lento: los machos en patines de ruedas, ataviados con cascos plásticos y rodilleras, sostienen radios demasiado grandes; ciclistas serios tocan la bocina para que les den un espacio en la vereda; cuerpos brillantes y vigorosos se despliegan en una cancha de voleibol. Más cuerpos espléndidos, tendidos sin un patrón específico en la playa, traen irónicamente a la memoria una de aquellas representaciones teatralizadas del horror de Hiroshima. Sin embargo, estas, con franjas de colores cortadas sobre las caderas, los sostenes desatados, toman la radiación en dosis lentas, untadas.

Unos pocos adoradores descontentos del Sol, murmuran palabras de maldición y se alejan de un nudo de cincuenta personas reunidas en el borde del agua. Cerca del "sexto poste de luz hacia el norte de la avenida Norte", está por comenzar una ceremonia. Estos también usan trajes de baño, aunque no tan pequeños. Son de la iglesia de la calle LaSalle en el centro de Chicago y han venido por un bautismo. Las canciones de precalentamiento, "Sublime gracia" y unas pocas otras, suenan tenue sin coincidencia con los barrenderos de los barrios marginados que los rodean.

Trece candidatos para el bautismo se alinean para hablar mientras examinan la arena con los pies en busca de una capa más fría. Los otros se esfuerzan por capturar las palabras. Hay dos agentes de bolsa, casados, que quieren "identificarse con Cristo de forma más pública". Una mujer de ascendencia cubana habla, vestida toda de blanco. Un hombre alto y bronceado dice que fue agnóstico hasta hace seis meses. Una aspirante a cantante de ópera admite que acaba de decidir bautizarse esta mañana, y pide oración porque odia el agua fría. (La temperatura ambiente es de 34° centígrados; la del lago Michigan de 13°C).

Una mujer afroamericana de 85 años ha pedido que la sumerjan a pesar del consejo de su doctor ("El pedido más extraño que jamás haya escuchado", dijo). Un inversor de bienes raíces, una mujer embarazada, un estudiante de medicina y unos pocos otros esperan su turno para explicar la razón por la cual están aquí hoy, parados en una fila en la playa de avenida Norte. Uno de los candidatos se ha convertido al cristianismo de una cultura estilo hindú en Berkeley, California. Para los transeúntes, los paseadores de perros, la policía, los cuerpos que se pavonean, la reunión de bautismo en sí misma debe parecerles una suerte de ritual. Himnos y oraciones son raramente escuchados un domingo en la tarde en la playa.

Los candidatos responden a la liturgia:

—¿Renuncias a Satanás y a todas las fuerzas espirituales de maldad que se rebelan contra Cristo?

—Renuncio.

—¿Renuncias a los poderes de maldad de este mundo que corrompen y destruyen a las criaturas de Dios?

—Renuncio.

—¿Renuncias a todos los deseos pecaminosos que te alejan del amor de Dios?

—Renuncio.

A esas le siguen otras afirmaciones más. Después de que se ha renunciado a todo y todo se ha afirmado, van, de dos en dos, al agua. Las piernas se ponen como piel de gallina cuando dan el tercer paso. El pastor espera, sumergido hasta la cintura, y se mueve hacia adelante y atrás con las olas. Mueve la boca antes de cada inmersión, pero nosotros en la costa no podemos oír las palabras. *Un frisbee* pasa sobre su cabeza. Un candidato al bautismo nada para atraparlo y lo arroja de nuevo.

Los cuerpos se sumergen rápidamente. El lago helado marca una impresión memorable en las personas que se bautizaban: cuando emergían del agua, temblaban. El cabello ahora aplastado, los ojos brillantes y grandes debido al frío. De regreso a la costa, la gente los abraza. Manchas de humedad pronto aparecían en todas nuestras mejillas. "Bienvenidos al cuerpo de Cristo", decían algunos.

Pienso: "Qué diferente de la escena de bautismo que abre el evangelio de Marcos". Tenemos rascacielos, no piedras desiertas en nuestras espaldas. Habitantes de Jerusalén viajaron para la actuación de Juan el Bautista, algunos para creer, otros par ver el espectáculo. No obstante, nosotros nos entrometemos y llevamos el ritual al centro, a la ciudad. En nuestro escenario, ¿podría Juan haber gritado algo provocativo y hacer que lo arrestaran? Pero vivimos en un país tolerante y a nadie lo arrestan. Como máximo, suscitamos miradas y desconcertamos sonrisas. No lastimamos a nadie. Solo somos otro grupo religioso raro.

Después de una hora nos vamos todos. La escena en la playa de la avenida Norte continúa. El espacio que el grupo de nuestra iglesia había ocupado en el borde de la playa, se llena de a poco. Nuestras huellas se borran con el agua, nuestro reducto en la arena ahora está cubierto con toallas y personas que toman sol. En el lugar donde creyentes nuevos renunciaron a Satanás y a la maldad, los niños hacen ahora castillos de arena.

Un pensamiento perdura. Mientras se presentaba a cada candidato para el bautismo, alguien de la iglesia oraba en voz alta por esa persona mientras él o ella comenzaba un nuevo caminar con Dios. Uno, en su oración, citó la promesa de Jesús al decir que hay gran regocijo en el cielo cuando un pecador se arrepiente.

Vistos desde la torre del guardavidas de la playa de la avenida Norte, no sucedió mucho ese domingo por la tarde. Visto desde otro punto de vista, el de la eternidad, una celebración emanó de la vida que jamás terminará.

PERTURBAR AL UNIVERSO

Este pequeño niño de tan pocos días de vida
ha llegado para saquear el redil de Satanás.
El infierno entero se pone a temblar ante su presencia
aunque él mismo tirite de frío.
— ROBERT SOUTHWELL (siglo XVI)

Nacimiento

A lo sumo, un puñado de pastores fue testigo del drama de la noche del nacimiento. Piensa acerca de esto: la encarnación, la cual cortó la historia en dos partes (un hecho que incluso nuestros calendarios admiten a regañadientes), tuvo más animales como testigos que personas. De hecho, hubo un murmullo de gloria, un estallido repentino de grandeza. El universo no podía dejar que la Visita llegara sin ser anunciada y, por un instante, el cielo se volvió luminoso con los ángeles. Todos los efectos especiales del personal de Hollywood caerían encandilados antes tal escena. No obstante, ¿quién lo vio? Campesinos analfabetos que erraron al no dejar sus nombres.

Muerte

El Calvario fue menos espectacular a nivel visible. El milagro yace entonces no en lo que sucedió, sino en lo que no sucedió. El ritual espantoso de violencia se materializó sin ninguna interferencia. Los ángeles se mantuvieron lejos ese día, detenidos por el mismo Hijo de Dios. Incluso el Padre volvió la espalda, o al menos eso pareció. Él también dejó que la historia tomara su curso, permitió que todo lo que estaba mal con el mundo triunfara sobre todo lo que estaba bien.

"Salvó a otros, que se salve a sí mismo" (Lucas 23:35), se burlaron. En este tiempo, este momento público en el que Dios pareció honestamente indefenso, las cámaras registraban cada detalle, grababan todo. Grandes multitudes observaron cada detalle atormentador del juicio, del veredicto, de la crucifixión y de la muerte. Nadie podría alegar que Jesús no murió.

Después de la muerte

Cuando el milagro de los milagros sucedió, solo un par de testigos estaban al lado: guardias romanos toscos, los olvidados de Pascua. Ellos y solo ellos vieron con ojos humanos la escena desconcertante de lo imposible hecho posible. Como un reflejo humano incurable, inmediatamente corrieron a las autoridades para informar la conmoción.

Esa misma tarde la resurrección pareció un poco confusa y remota, ni mucho menos significativa que, digamos, las pilas de plata recién acuñadas que se encontraban delante de ellos. ¿Alguna vez nos maravillamos ante el hecho de que los testigos oculares de ese gran día murieron aparentemente incrédulos?

* * *

Navidad, Viernes Santo, Pascua: aquellos tres días están marcados en los calendarios de la mitad del mundo. A pesar de los sobornos pagados a los guardias romanos y de una conspiración oculta elaborada, se corrió la voz. Un destello de fe tomó el control y aún lo toma.

Las personas a veces culpan a Dios por no hacer la fe más fácil, por no hacerse Él mismo más obvio. Otros miran a esos tres días trascendentales como si pudieran arrojar luz sobre este acertijo de fe. El primer hecho, el nacimiento de Cristo, pareció un escándalo para todos, excepto para unas pocas personas de confianza y cierta gentuza. El último hecho, la resurrección, pasó inadvertido excepto para dos, quienes con rapidez editaron sus relatos. Solo el hecho que sucedió entre estos dos, la crucifixión, se produjo en público, para que todo el mundo lo viera.

¿Cómo dar explicaciones del significado de la cruz? Apenas parecía "milagroso" en ese momento. ¿Qué podría parecer más mundano que otra ejecución lúgubre llevada a cabo por las tropas romanas? Incluso en la actualidad, el día de la memoria, el Viernes Santo, puede pasar tranquilamente inadvertido, un mero preludio de los sonidos de los címbalos de Pascua.

Sin embargo, desde el cosmos, desde la perspectiva, digamos, de un ángel justo más allá de Andrómeda, el Viernes Santo fue el milagro más sorprendente de todos. La encarnación fue única, por supuesto, pero tuvo paralelos débiles. Los seres celestiales entraban y salían de los husos horarios antes (recuerda la escalera de Jacob y los visitantes de Abraham).

Con respecto a la resurrección, unos pocos humanos se habían levantado de los muertos en la época del Antiguo Testamento, y Jesús había probado su señorío claramente sobre la muerte (pregúntale a Lázaro). Nada de eso había sucedido antes ni ocurriría otra vez. La naturaleza misma pareció convulsionar: el suelo tembló, las tumbas se agrietaron y se abrieron, el cielo se volvió negro.

Más que la muerte encontró su fin ese viernes por la tarde. Pablo dijo acerca de ese día: "*Desarmó a los poderes y a las potestades, y por medio de Cristo los humilló en público al exhibirlos en su desfile triunfal*" (Colosenses 2:15). Fue un espectáculo público cuando Cristo expuso a los poderes y potestades que arriesgaron las vidas de hombres y mujeres. La religión más avanzada de la época lo juzgó culpable, y el gobierno más avanzado llevó a cabo la sentencia. El gran plan de Satanás, tramado en el Edén, se logró en nombre de la piedad, de la justicia y de la ley. Cristo triunfó al exponer esos poderes y potestades como dioses falsos, quienes jamás podrían mantener sus promesas altivas.

La crucifixión pone siempre a los seguidores de Cristo contra los poderes de este mundo. *"Los judíos piden señales milagrosas y los gentiles buscan sabiduría"*, dijo Pablo, *"mientras que nosotros predicamos a Cristo crucificado. Este mensaje es motivo de tropiezo para los judíos, y es locura para los gentiles"* (1 Corintios 1:22-23).

No ha cambiado mucho en dos mil años. En la actualidad, los científicos son los que piden señales y los políticos los que buscan sabiduría; y ahora, como en ese entonces, la cruz surge como un impedimento para la fe.

Los tres hechos (el nacimiento, la muerte y la resurrección), seguramente fueron temblores en el cosmos. Sin embargo, llevados a cabo de forma tan misteriosa, con tan variedad extraña de testigos, que complicaron la fe para siempre. Le dieron tan solo una razón suficiente para que creyeran aquellos que, como los discípulos, escogieron la fe; y le dieron tan solo una razón para no creer a aquellos que, como los guardias romanos, eligieron la duda. Eso tampoco ha cambiado desde la época de Jesús.

La estación fragante

Un año antes de que estallara el escándalo PTL (escándalo financiero protagonizado por un pastor que conducía un famoso programa de televisión estadounidense), escuché a Tammy Faye Bakker decir algo que me inquietó, pero no estaba seguro de por qué. Ella clavó la mirada fuera de la pantalla de mi televisor con sus largas y oscuras pestañas revestidas con lo que *La puerta Wittenburg* describió maliciosamente como: "la máscara para pestañas de fuerza industrial", y exclamó: "¡Oh! ¡La vida cristiana es *tan* buena que pienso que me convertiría en cristiana incluso si no fuera cierto!" Acababa de entrevistar a personas con historias inspiradoras y la verdad que sí, la vida cristiana como se la escribía en el aire sonaba bastante buena. Pero a pesar de que me sentí tocado por su entusiasmo, algo acerca de su declaración ("... incluso si no fuera cierto") me molestó. Parecía erróneo de alguna forma, pero no podía poner el dedo en el problema.

Finalmente localicé la fuente de mi incomodidad en 1 Corintios 15, capítulo central de La Biblia acerca de la resurrección de los muertos. Allí, Pablo apuesta su fe en la *verdad* de la resurrección de Jesús. Con una crudeza notable, sostiene que si Cristo no hubiera resucitado, su propia predicación sería inútil, al igual que lo sería nuestra fe. Además agrega que excepto por la resurrección *"seríamos los más desdichados de todos los mortales"*.

No obstante, Pablo, quien no era conocido por su timidez, admite que jamás arriesgaría su vida por una fe que no tiene su base en la verdad. ¿Por qué arriesgarse? Apenas valdría la pena luchar contra fieras en Éfeso por una fe fantasma. El hedonismo ofrece una alternativa mucho más atractiva y Pablo propone francamente: *"Si los muertos no resucitan, comamos y bebamos, que mañana moriremos"* (1 Corintios 15:32). A diferencia de muchos evangelistas televisivos, Pablo parecía esperar de la vida cristiana, no salud y riqueza, sino una medida de sufrimiento. Le dijo a Timoteo: *"Así mismo serán perseguidos todos los que quieran llevar una vida piadosa en Cristo Jesús"* (2 Timoteo 3:12).

Mientras leo las reflexiones de Pablo acerca de sus adversidades, no podría imaginármelo que estuviera de acuerdo con la declaración de Tammy Faye acerca de la vida cristiana. También me encontré a mí mismo preguntándome si Tammy Faye podría hacer la misma declaración hoy, con la misma medida de entusiasmo.

* * *

Más tarde, mucho después de que vieron a Tammy Faye en televisión, me crucé con otro pasaje intrigante de la escritura de Pablo. Dos oraciones reúnen la exuberancia optimista de los invitados de Tammy Faye y el realismo directo de 1 Corintios 15. Pablo escribió a la iglesia de Corinto: *"Porque para Dios nosotros somos el aroma de Cristo entre los que se salvan y entre los que se pierden. Para éstos somos olor de muerte que los lleva a la muerte; para aquéllos, olor de vida que los lleva a la vida"* (2 Corintios 2:15-16).

De acuerdo con Pablo, la misma fragancia puede conducir aromas intensamente diferentes, dependiendo de la nariz. Para el mundo no creyente, nuestra fe tiene el perfume de la muerte alrededor. Se entromete con un recordatorio de mortalidad que desestabiliza y de otro mundo que enjuicia a este otro. Entre los no creyentes, los ejemplos personales de negación y amor sacrificial pueden provocar una admiración molesta para "la ética cristiana". Pero, como dijo Pablo, el hedonismo sin diluir tiene mucho más encanto. Piensa acerca de lo que atrae a una audiencia receptiva en Estados Unidos: ricos que poseen miles de millones y estrellas de cine que escriben biografías enormemente exitosas, pero aún tengo que ver un libro mejor vendido acerca de un pastor de un barrio pobre del centro. Y un documental ocasional acerca de una cristiana "santa" como la Madre Teresa, apenas puede competir con programas que reunen cientos de hogares alrededor del televisor.

Para unos, somos el olor de la muerte. Ese aroma que cuelga como una nube sobre la Madre Teresa, literalmente, porque fue entre los muertos que ella eligió servir a Cristo. Su orden religiosa aún en la actualidad abre hospicios para los pacientes con sida.

La sabiduría de la cruz parece tonta para el mundo, y Pablo confesó que a él también le parecería tonto si no fuera por un hecho que sucedió dos días antes de la crucifixión. Los creyentes, esas personas convencidas de que la resurrección realmente sucedió, obtuvieron, por decirlo de alguna forma, un conjunto nuevo de receptores olfativos. Más allá de la fetidez del viernes santo, ellos pueden detectar la fragancia sorprendente de una vida nueva. Por esa razón y solo por esa, vale la pena buscar la fe cristiana. Para extender la argumentación de Pablo, si no hay resurrección, ¿por qué restringir los deseos sexuales o incluso los violentos? ¿Por qué preocuparse por los pobres y por los deformes? ¿Por qué buscar la humildad y el deseo de servir mientras que otros buscan acariciar sus egos? ¿Por qué entregar dinero cuando se lo puede acumular? A una vida tal se le debe tener lástima y no envidia. Emite el aroma de la muerte para todos, excepto para los que tienen su nariz santificada.

* * *

Escribo esto al principio de la primavera, la estación fragante, una época de gran alegría para aquellos de nosotros que vivimos en las ciudades del norte. Durante mucho tiempo he caminado y he pasado por pilas de nieve sucia que sirven como trampas para caídas de perros, basura y partículas de escapes de automóviles. Ahora el suelo crece suave otra vez e incluso en los terrenos sin construir, se libera la fragancia rica de la tierra. La primavera está en camino y su cercanía es escoltada por miles de esencias. El denso aroma dulce de las lilas pronto ornamentará el pasillo sombrío que se encuentra detrás de mi casa. En unos pocos meses, las rosas alcanzarán a todos los otros aromas de allí. Y luego vendrá el aroma picante de la madreselva que jamás deja de transportarme de regreso a las caminatas de mi niñez en los bosques de Georgia.

No por causalidad el calendario de la Iglesia también se acerca a la época fragante; los celebrantes antiguos de la Pascua combinaron el recuerdo de la resurrección terrenal con aquella de Cristo. Pienso otra vez acerca de la metáfora de Pablo con respecto al aroma: "*Porque para Dios nosotros somos el aroma de Cristo entre los que se salvan y entre los que se pierden. Para éstos somos olor de muerte que los lleva a la muerte; para aquéllos, olor de vida que los lleva a la vida*" (2 Corintios 2:15). El aroma de la muerte jamás se disipa por completo. Morimos diariamente, dijo Pablo y nuestros actos de sacrificio seguramente parecerán mórbidos, incluso masoquistas para algunos. Pero, más allá de esa fragancia, se encuentra la esencia de primavera de la vida nueva, y el único camino que lleva allí es el de la cruz.

Un aroma, cualquier aroma, es una mera pista, un anuncio gaseoso de algo más sustancial. Y es esa la razón por la cual podemos ser para Dios el aroma de Cristo. Debido a la Pascua y solo debido a ella, su fragancia se vuelve nuestra.

Escuchen, cristianos. ¿Pueden oír el sonido de la risa desde el otro lado de la muerte? Respira profundamente de una fragancia como de ninguna otra. Deja que esta primavera, esta Pascua, te llene los pulmones.

Editorial Peniel te invita a descargar gratis la canción en castellano *"¿Por qué?"*, del álbum "Viaje al presente" de Crey, en la página oficial del grupo.

¿POR QUÉ? — CREY

Cuando todo es intangible.
Cuando los caminos se pierden.
Cuando lo que espero nunca llega;
yo me pregunto ¿por qué?

Cuando mis fuerzas se agotan.
Cuando la salida cerrada está.
Cuando la mentira me acusa;
yo me pregunto ¿por qué?

¿Por qué..? ¿Por qué..? ¿Por qué..?
Preguntas que solo Él responderá.
Siempre hoy es la oportunidad,
el reloj apresurará el tiempo…
todo cambiará.

Descárgala gratis aquí:
www.crey.com.ar

Cuando la fe se desvanece.
Cuando el sueño no despierta.
Cuando la noche marcha lenta.
yo me pregunto ¿por qué?

¿Por qué..? ¿Por qué..? ¿Por qué..?
Preguntas que solo Él responderá.
Siempre hoy es la oportunidad,
el reloj apresurará el tiempo…
todo cambiará.

Yo sé que es así.

PENIEL
Libros para siempre

Esperamos que este libro
haya sido de su agrado.
Para información o comentarios,
escríbanos a la dirección
que aparece debajo.

Muchas gracias.

PENIEL

info@peniel.com

www.peniel.com